KB218680

품어
주심

품어주심

초판 1쇄 발행 | 2021년 1월 12일

지은이 | 이효천
펴낸이 | 이한민
펴낸곳 | 아르카

등록번호 | 제307-2017-18호
등록일자 | 2017년 3월 22일
주   소 | 서울 성북구 숭인로2길 61 길음동부센트레빌 106-1805
전   화 | 010-9510-7383
이메일 | arca_pub@naver.com

홈페이지 | www.arca.kr
블로그 | arca_pub.blog.me
페이스북 | fb.me/ARCApulishing

책   값 | 뒤표지에 있습니다
I S B N | 979-11-89393-20-5 03230

아르카ARCA는 기독출판사이며 방주ARK의 라틴어입니다(창 6:15).
네가 만들 방주는 이러하니 … 새가 그 종류대로, 가축이 그 종류대로,
땅에 기는 모든 것이 그 종류대로 각기 둘씩 네게로 나아오리니 그 생명을 보존하게 하라 _창 6:15,20

아르카는 (사)한국기독출판협회 회원 출판사입니다.

세상 가장 뭉클한 사랑 *touching love*

품어주심

 아르카

팬데믹을 지나면서 세상은 리얼한 기독교를 찾고 있습니다. 더이상 형식과 모형의 기독교가 아니라 예수님의 심장이 뛰고 있는 '리빙 처치'를 찾고 있습니다. 이효천 선교사가 대표로 섬기고 있는 '위드맘 한부모가정 지원센터'가 바로 그런 곳이라고 생각합니다. 사회에서 버림받은 어린 미혼모들이 이 센터를 만나면 살아야 할 소망을 찾게 되고 살아갈 수 있는 길도 터득하게 됩니다.

이 선교사는 어느 날 우연히 만난 한 어린 미혼모를 통해 이 사역을 시작하게 됩니다. 어떤 자원이나 전략을 갖고 시작한 것이 아니라, 그저 불쌍한 한 영혼을 돕기 위해 뛰어다녔던 일이 이 사역의 불씨가 된 것입니다. 이 책에 소개되고 있는 미혼모들의 이야기 하나하나가 가슴을 울립니다. 무엇보다도 그들이 사랑 안에서 찾게 된 새 소망이 하늘의 감격으로 다가옵니다. 여기에 진짜 기독교가 보이는 것 같아 저의 가슴이 너무 벅찹니다.

_김승욱 목사, 할렐루야교회 담임

이 책에는 하나님의 마음이 깊이 담겨 있습니다. 하나님의 사랑이 살아 역사하는 생생한 이야기이기 때문입니다. 국내 청소년 미혼모들을 돌보며 그들의 자립을 돕는 사역에서 생긴 이야기들은 이 시대의 사도행전입니다. 10년 이상 이 사역에 헌신한 귀한 선교사님의 글을 통해 우리는 영혼이 깨어나고 새로운 헌신의 결단을 얻게 됩니다. 이 책을 통하여 많은 분들이 이 귀한 사역을 위하여 중보하고 동참하는 계기가 되기를 바라며 추천합니다.

_이재훈 목사, 온누리교회 담임

하나님은 언제나 고아와 과부와 나그네를 기억하시고 그들에게 긍휼을 베푸셨습니다. 하나님의 마음을 품고서, 우리 시대의 고아요 과부이며 나그네인 미혼모들을 섬기고 계신 이효천 선교사님의 모습을 보며 많은 감동과 도전을 받았습니다. 이 책을 통해 미혼모들에 대한 사회의 시선이 개선됨으로, 사회가 따뜻한 울타리가 되어 그들을 사랑으로 품고 보살펴 주게 되기를 기도합니다. 나아가 많은 분들이 이효천 선교사님의 사역에 관심을 갖고 동참하게 되기를 소망합니다.

_이영훈 목사, 여의도순복음교회 담임

하나님의 사랑을 닮아 미혼모를 품어주고 삶에 희망을 불어주어, 아기를 포기하지 않고 당당하게 삶을 살아가도록 하는 한 청년의 사역을 이 책을 통해 생생하게 읽을 수 있다. 나는 수십 년 동안 사회적으로 차별받고 배제된 한부모가정들을 돕기 위해 복지정책과 서비스를 제안하고 개발하는 데 참여해왔지만, 이 책을 읽으면서 진정으로 필요한 것은 그들을 품어주고 동행하며 하나님의 딸로서 대하는 것임을 깨달았다.

아르바이트로 모은 40만 원으로 미혼모가 더 이상 아기를 혼자 집에 두고 술집에 나가는 일이 없도록 한 어린 신학생들의 순수함과 사랑이 지극한 감동으로 다가온다. 사람을 살리는 것이 먼 이야기가 아니라, 바로 내 옆에 있는 어린 미혼모들을 돌아보고 하나님의 딸로 대하는 것이라고 말하는 필자의 메시지가 널리 전파되어, 이 차가운 세상이 점차 따스해지기를 희망한다.

또한 사회복지사가 실천 현장에서 수행해야 할 진정한 관심과 사랑을 바로 이 책에서 찾을 수 있기에, 특별히 예비 사회복지사들에게 꼭 일독(一讀)을 권한다.

_성정현 교수, 협성대학교 사회복지대학원장

'테바'(방주), 하나님의 완벽한 사랑의 정점! 수년 전 온누리교회 CEO스쿨에 등록하고 열정에 비해 초라한 출석률을 기록했던 저는 그 와중에 이효천 대표님의 강의를 듣게 됩니다. 그 강의는 저도 모르게 저에게 박혀 있던 미혼모(지금은 한부모가정이란 말을 쓰고 있지만)에 대한 편견을, 선택의 여지조차 없었던 부끄러운 선입견을 보기 좋게 날려주었습니다. 감동적인 강의였습니다. 그후 저는 이효천 대표님과 사모님을 만나 이야기를 나누었고, 부족하지만 홍보대사를 맡게 되었습니다. 후에 하나님의 은혜로 하임이를 출산하게 되었고, 하루하루를 감사하며 아이를 양육하고 있습니다. 하임이는 우리 가정에 그야말로 최고의 축복입니다. 이 책에 담긴 이야기는 이런 축복에 관한 것입니다. 이야기의 초점은 소외된 어린 엄마들에게 맞춰져 있지만, 엄마들을 통해 아기들에게 스며든 하나님의 사랑, 그 완벽하신 축복과 계획에 관한 이야기인 것입니다.

저는 이 책을 읽었다기보다 들었다고 말하고 싶습니다. 이 책에서 저자의 강의를 들었고, 하나님의 마음을 들었습니다. 우리가 애타게 원하는 구원, 그 구원의 방주에 어린 엄마와 아기들을 태우고 싶어하시는 하나님의 마음을 느낍니다. 차갑게 소외된 어린 엄마들을 통해 태어난 이 아이들을 구원하길 원한다고 말씀하시는 하나님의 마음 말입니다. "생명은 하루를 살아도 생명"이라는 문장에서 삶에 대한 묵상이 깊어집니다. 하나님의 은혜로 얻은 이 한 줄의 깨달음 때문에, 오늘도 열심히 뛰고 계실 이효천 대표님을 위해 기도하겠습니다.

_백지영, 가수

총각일 때 그는 부산에서 안산으로 올라와, 우리집 근처에 단칸방을 얻어 미혼모 사역의 사무실로 쓰면서 종종 내게 말하곤 했다. "형님이 루터니까 안산은 비텐베르크(루터가 종교개혁을 일으킨

도시)네요! 저는 그럼 루터의 친구 멜란히톤(루터의 최고 조력자)입니다!" 아우의 부푼 꿈 앞에 나는 언제나 뜨뜻미지근했다. 첫째는 그 치기어린 열정이 그를 찌르는 화살이 될까 염려되어서였고, 둘째는 그가 멜란히톤이 아니라 나와 다른 분야의 루터이기를 바랐기 때문이었다. 내 바람처럼 이제 그도 누군가의 루터가 되어 하나님의 선하심을 나누며 살고 있다.

나는 독자들이 이 책을 읽을 때 기도를 겸비해주기를 바란다. 책에서 느껴지는 감동에 대해서는 감사의 기도를 청하며, 그 감동의 보상으로는 성장하고 있을 저자를 위해 중보기도로 동역해 주기를 청한다. 하나님께서 원하시는 낮고 낮은 깊이를 헤아리다 보면 사명자는 언제나 주님을 부여잡고 삶을 지내야 하니, 사명자 이효천을 위한 여러분의 기도가 꼭 필요하다.

_서종현, EMT선교회 대표

차례

많은 사랑은 결코 욕심이 아닙니다

나의 어머니는 장사를 하셨고 아버지는 택시를 모셨다. 평생 자
식을 위해 짐을 날라, 꺾인 채 자리 잡은 어머니의 손가락과 휘
어진 아버지의 허리는 지금 내가 말하고 베푸는 '품는 사랑'의
시작이자 고향이다. 그 분들의 아들에 대한 바람이던 부자(富
者)와 반대로, 나는 부자와 상관없는 길로 가고 있지만, 여전히
꼿꼿한 내 허리와 손가락을 보면서, 그 분들만큼 사랑하며 살지
못하는 내 삶을 반성하며 이 책을 썼다.

나는 나의 삶과 이야기가 세상에서는 설득이 되고, 교회에서는
간증이 되기를 바랐다. 하지만 무엇이 달라져 버린 것일까? 선
교사로서 만나는 세상에 속했다는 사람들에게 나의 이야기는
간증이 되었고, 오히려 지지받고 싶었던 한국교회에서 나의 이
야기는 설득이 되어야만 했다. 여전히 닫힌 문을 향해 문을 열
어달라 고래고래 소리 지르며 손가락질하지만, 펼친 손가락과

허리가 여전히 꼿꼿한 걸 보면 내가 가진 사랑이 아직 부족하다는 걸 알게 된다.

나는 많은 사랑이 필요하다. 100명의 아이들을 만나면 나는 100가지의 다른 사건들을 만난다. 그리고 쏟아지는 100개의 상처들과 나는 온몸으로 부딪혀야 한다. 그러니 많은 사랑은 나에게 결코 욕심이 아니다. 장맛비처럼 쏟아지는 상처를 가리는 우산 같은 것이다.

부디 이 책이 출간되면서, 청소년 미혼모, 한부모 가족에 대한 인식이 개선되어 사회와 교회에서 더 많은 마음의 문이 열리기를 바란다. 또한 조금은 더 시선이 따뜻해지기를 바라지만, 그보다 먼저 부족한 나에게 사랑이 더욱 많아지기를 바란다.

부족한 후배 사역자를 위해 선뜻 책을 추천해주신 사랑 많은 목사님들과 연예인 누나, 그리고 힘든 환경에도 여전히 나와 함께 일하는 것이 즐겁다는 동역자들에게 큰 감사를 전한다. 무엇보다, 이 책이 나올 수 있기까지 많은 부분을 포기하고 살아가는, 사랑하는 아내에게 이 책을 전한다. 부모님과 동역자들과 아내의 이야기를 적으니 복잡한 생각이 정리되는 것 같다. 그래, 역시 사랑은 말이 아닌 몸이 증언하는 것이다.

우리가 하는 일은 상처의 장맛비 속에서 햇빛을 쫓아가는 일이다. 나의 왼쪽 어깨가 젖고 당신들의 오른쪽 어깨가 젖어도, 그래도 우리는 같은 우산을 쓰면 좋겠다.

안산에서 이효천

"내가 교회에 나가고 예수를 믿는 것은 예수가 사랑했던 들꽃 한 송이를 나도 사랑하고 싶고, 그가 아끼던 새 한 마리를 나도 아끼며 살고 싶기 때문이다. 구태여 큰 소리로 외치며 전하는 복음이 아니라, 바로 지금 내 곁에 함께 있는 가련한 목숨끼리 다독이며 살아가고 싶을 뿐이다. 슬플 때 슬픈 노래 부르고, 기쁠 때 함께 기쁜 노래 부르면, 그것이 찬송이 되고 기도가 되고 예배가 되는 것이다."

_권정생, <새가정> 1993

1

세상 마지막 한 사람 되어 품어주세요

"네? 제가 그걸 어떻게 알아요..?!"

이번 전화는 어느 아주머니가 주민센터가 어디 있느냐고 물어보는 것이다. 무심히 전화를 끊고 핸드폰을 내려놓자, 이내 또 메시지와 전화들이 오기 시작한다.

그 며칠간, 이상한 전화가 끊이지 않고 왔다. 전화를 받는 중에도, 화장실에서 볼일을 볼 때도, 밥을 먹을 때도 '윙' 내 핸드폰의 진동은 끊이지 않았다. 영양가(?) 있는 연락이 오는 것도 아니었다. 방금처럼 주민센터를 묻는다든지, 아기가 아파서 그러는데 새벽에 문을 연 병원이 어디인지 묻는다든지, 심지어 아무 말도 없이 울기만 하다 전화를 끊는 사람까지, 그런 전화에 하루 종일 시달리다 보니 나는 종일 짜증이 나 있었다.

또 진동이 울렸다. 안 받을 수는 없으니, 억지로 핸드폰을 가져와 통화버튼을 눌렀다.

"여보세요!"

나는 친절이라고는 찾아볼 수 없는 말투로 다시 전화를 받았다. 퉁명스러운 내 목소리에 놀란 듯, 수화기 너머로 머뭇대는 목소리가 자그마하게 들렸다.

"저기, 그 … 미혼모 도와주신다는 분인가요? 저 좀 도와주실 수 있으신가요?"

이 모든 황당한 상황은, 이른바 '사건의 발단'은 그 얼마 전에 만난 '주희' 때문이었다.

나를 사랑하신다는 그분께 반응하는 법

그 무렵 나는 'OO정보산업학교'라는 명칭의 부산의 소년원에서 한창 봉사 활동을 하고 있었다. 열아홉 살에 예수님을 믿고, 내가 제일 먼저 한 봉사는 예배당 청소였다. 당시 5층 건물의 지하에 예배당이 있던 교회에서, 무슨 배짱인지 물청소를 하겠다며 화장실까지 쓸고 닦았다.

'나는 지금 하나님을 위해 살고 있다.'

아는 게 없어 고작 생각한 거라곤 청소였지만, 그렇게 예수님의 사랑에 반응하고 싶었다.

'그래, 교회는 하나님의 몸이니까!'

주일 예배 시간에 목사님들께서 종종 교회에 대해 말씀하실 때, 교회는 하나님의 몸이라며, 소중히 여겨야 한다고 하셨다. 그런 설교를 종종 들었으므로, 나는 교회를 쓸고 닦으며 '하나님을 샤워시키는 중'이었다.

하루 종일 교회 청소를 하다 짬이 날 때면 성경을 펼쳐 읽었다. 하나님이 고아와 과부들을 특별히 언급하시며, 하나님은 그들의 하나님이라는 말씀을 본 나는 무작정 부산 해운대에 있는 어느 고아원을 찾아갔다. 뭐라도 하고 싶은 마음에 무작정 사무실로 들어가 말했다.

"여기서 제일 힘든 거 시켜주세요. 아무도 안 하는 일, 화장실 청소라도 시켜주세요. 저 그거 잘 해요!"

막무가내로 찾아온 나를 보시고, 원장님은 웃으시며 창밖을 가리키셨다. 아이들이 뛰노는 공터의 잡초 뽑는 일을 맡겨주신 것이다. 일주일에 하루, 고아원을 찾아가 잡초를 뽑는 그 시간이 얼마나 좋았는지 모른다. 내가 잡초를 다 뽑아버려 할 일이 사라질까 싶어 하루는 이렇게 기도했다.

"하나님, 내일 고아원 가는 날인데, 또 일할 수 있게 잡초를 쑥쑥 자라게 해주세요."

무식했지만, 그때 나는 그것이 하나님을 위해 사는 일이라 믿었고, 성경에 나온 위대한 하나님의 사람들처럼 살고 있다고 믿었다. 나는 나를 사랑하신다는 하나님께 그렇게 반응하고 싶었다.

나는 보육원, 양로원, 소년원 등에서 봉사 활동을 했다. 사람들의 공부를 도와주거나, 해당 기관에서 하는 행사를 도우며 많은 시간을 보냈다. 다른 이유는 딱히 없었다. 스무 살이라는 청년기의 시작점에서, 하나님을 위해 뭐라도 하고 싶다는 마음이 엉켜 찾은 일이 그런 봉사 활동이었다.

지금 생각해보면 20대 초반의 나의 나날은 학교, 복지관, 집, 다시 학교, 소년원, 집, 다음날 또 학교, 보육원, 집을 돌아다니는 일의 반복이었다. 이 봉사라는 것이 참 신기하고도 헤어 나올 수 없는 것이, 힘들고 고되지만, 하루 일과를 마치고 집으로 돌아올 때쯤 느껴지는 뿌듯함이 이제 막 하나님과 사랑에 빠지기 시작한 열정 가득한 청년에게는 매일을 살게 하는 양식 같았다.

'청소년 엄마'를 만나다

그러던 어느 겨울, 여느 날과 마찬가지로 봉사 활동을 하는 '평범한' 하루를 보내고 집에 돌아와 누워 곯아떨어지기 시작한 그때, 갑자기 핸드폰이 울리기 시작했다. 이제 막 잠들

있는데, 요란한 핸드폰 소리는 단잠을 쉽게 깨워버렸다.

핸드폰을 집어 들며 받을지 말지 한참 고민하였다. 모르는 번호였다. 짜증이 폭발할 것만 같아 신경질적으로 통화 버튼을 눌렀다. 수화기 너머로 걸쭉한 목소리가 들렸다.

"형님!"

나를 형이라 부르는 사람이 많지 않았기에 되물었다.

"누구세요?"

밤늦은 시간, 전화 올 사람이 분명 아무도 없는데, 거기에다 내게 형님이라니.

"저 부산 소년원에 있던 창민입니다."

누군지 기억도 나지 않았다. 하지만 기억나지 않는다는 것이 혹 섭섭하게 할까 봐 황급히 아는 척했다.

"어, 그래, 그래, 무슨 일이야?"

"저 출소했습니다. 형님."

이 늦은 시간에 그걸 알리려 전화했는가?

"형님, 저 나와서 기분이 좋아서 소주 한잔 마셨는데요. 마시다 보니 기분이 더 좋아져서 더 마셨습니다. 그리고 더 마시니 또 기분이 좋고, 하여튼 그래서 지금 계속 마시고 있는데, 형님, 동생 출소했는데 나오셔서 소주 한잔 사주십시오. 하하하하하!"

창민이가 웃었다. '너 같은 동생 둔 적 없다'는 말이 턱 끝까지 나오다 다시 들어갔지만, 취해서인지 유독 호탕하게 웃는 창민이를 만나보고 싶었다.

"그래, 형이 나갈게. 어디야?"

"서면입니다. 1번가 쪽으로 오셔서 전화 주십시오, 형님."

전화를 끊고 시계를 보았다. 밤 12시를 훨씬 넘긴 시간, 잠시 나가 인사만 하고 오자는 마음에, 방에 널브러진 옷을 아무거나 대충 주워 걸쳤다.

모자를 눌러쓰고 어기적거리며 서면을 걸어가다 보니 술집들이 즐비한 거리에 창민이가 보였다. 술집의 네온간판이 반짝거리는 거리와 참 잘 어울리게 창민이는 비틀대며 서 있었다. 그 옆에는 여자아이 하나가 담배를 피우며 추위에 오들오들 떨고 있었고.

창민이가 나를 보았다. 손을 높이 들어 나에게 흔들어 보였다.

"형님!"

가까이 가서 인사를 하고 보니 소년원에서 몇 번인가 만났던 적이 있는 친구다. 창민이는 내가 나온 것이 신난 것인지, 취했기 때문인지 옆의 여자아이에게 떠들어대기 시작했다.

"마, 봐라! 내가 '행님' 온다고 했다 아이가. 니도 인사드리라. 여기는 내가 멘토로 모시는 형님! 하하하하하!"

여자아이에게 나를 멘토라고 소개시켜 주었다. 나는 멘토가 되어준다고 말한 적이 없지만, 얼떨결에 창민이의 멘토라고 또 다른 아이에게 소개되어버렸다.

"그리고 형님, 저한테 좋은 이야기 많이 해주셨듯이, 여기 있는 제 친구한테도 좋은 이야기 좀 많이 해주세요. 얘한테도 멘토가 되어주시고요."

창민이의 커다란 덩치 뒤에 가려진 자그마한 여자아이가 나를 보고 고개를 숙였다. 나도 가볍게 고개를 숙여 인사를 했다.

우리는 창민이를 따라 근처의 호프집으로 갔다. 창민이는 그 친구를 나에게 소개시켜주고 싶었다고 말했다.

"제 주위에 있는 친구 중에 제일 힘들지만. 그래도 열심히 사는 친구라서요. 형님에게 꼭 한번 보여주고 싶었습니다."

창민이는 그 친구를 나에게 자랑스럽게 소개했지만, 모순되게도 창민이의 말과 아이의 행색은 많이 달랐다. 짙은 화장과 부스스한 머리, 짧은 치마를 입고 담배를 피워대는 아이는 청소년이라고 하기엔 너무나 성인 같았고, 성인이라고 하기에는 아직 청소년의 '날티'가 벗겨지지 않은 것 같았다.

"어릴 때부터 혼자 자랐는데요, 애도 있는데 되게 열심히 삽니다."

창민이의 친구 자랑(?)은 끝나지 않았다.

"잠깐만, 애가 있다고?"

놀라서 되묻는 나에게, 이번에는 그 여자아이가 답해주었다.

"네, 두 살이에요."

슥 내미는 핸드폰 배경화면에 그 여자아이가 아기와 찍은 사진이 있었다. 환하게 웃는 아기와 아이, 엄마라고 하기에는 너무도 앳된 아이와, 그 아이의 아기라고 하기에는 너무 예쁜 아기였다. 헛웃음이 났다.

"아니, 그러니까, 이 아기가 너의 아기라고? 그러니까, 이 아기 엄마가 너고?"

놀라 되묻는 나에게 아이는 말없이 고개를 끄덕였다.

"너는 몇 살인데?"

"저는 열아홉 살이에요. 아기는 두 살."

머릿속이 핑핑 돌아갔다. 엄마가 열아홉 살이고, 아기가 두 살이면, 열여섯 살 때 아기를 가진 건가? 그럼 열일곱 살에 아이를 낳은 거고? 온갖 생각이 뒤죽박죽 찾아오기 시작했다. 표정이 굳어지고 생각에 잠긴 나를 본 창민이가 툭 친구를 건드렸다.

"니가 직접 싹 다 말씀드리라."

"아기 혼자 집에 있어요"

아이는 음료수를 한잔 마시고는 자신을 소개하기 시작하였다. 이름은 김주희, 나이는 열아홉이라고 다시 말했다. 아기는 어릴 때, 그러니까 지금보다 어린 중학생 때 가지게 되었고, 임신 소식을 들은 남자는 그날 이별을 통보했다. 집으로 돌아갈 수 없어 그날부터 가출을 했고, 이런저런 시설을 떠돌다가 아기를 출산했다. 아기를 낳고 보니 아기와 먹고 살 돈이 없었다. 이런 일 저런 일을 찾아보았으나, 그마저 여의치 않았다. 결국 주희는 누군가의 소개로 술집에서 일하고 있다고 했다.

주희는 그런 자기를 소개하며 연신 눈물을 훔쳤다. 지나간 아픔이 제대로 소화도 안 되었는데, 다시 꺼내 되새김질하기가 많이 힘들었나 보다. 그 이야기를 건네 듣는 나도 거북하고 속이 쓰리기는 마찬가지였다.

충격이었다. 나보다 겨우 몇 살 작은 여자아이가 아기를 낳은 것도 충격이었고, 그 아기와 먹고 살기 위해 술집에서 일한다는 것이 평범한 스무 살 청년이던 나로서는 상상도 못할 충격이었다.

"아기는 어디 있어?"

아이가 대답했다.

"집에요."

나도, 주희도 표정이 점점 굳어갔다.

"집에는 누가 있는데?"

"아기 혼자요. 자고 있어요."

큰일이었다. 아기 혼자 집에서 자고 있다니!

"가보자!"

다급해진 나는 얼른 자리에서 일어나 어린 엄마를 잡아 일으켰다.

두 살배기 아기가 집에 혼자 있고, 엄마는 나와 있다니, 뉴스에서나 보던 영유아 유기가 이런 걸까? 아기가 혼자 있다는 것은 곧 사고로 이어질 수 있다는 생각에 마음은 급해지기만 했다.

"아기가 한번 잠들면 푹 자서 괜찮아요."

어린 엄마가 하는 소리를 들으니 이런 일이 여러 번 있었던 것 같다. 하긴, 그러니 아기를 집에 재우고 일할 생각을 했겠지.

어린 엄마를 잡아끌다시피 하여 집을 찾아갔다. 술집이 즐비한 거리에 있는 작은 원룸촌의 좁은 방, 깔린 이불 위에 아기가 누워 있었다. 겹이불을 걷어차고, 배를 까뒤집고서 잠들어 있는 아기를 보니 마음이 더 복잡해졌다.

"야!"

내가 내지른 소리에 어린 엄마가 흠칫 놀랐다. 화가 나는 마음을 억누르고 이야기했다.

"그래도 아기 엄마가…, 아무리 그래도…."

말을 채 다하기도 전에 괜스레 눈물이 핑 돌았다. 어지러운 집안, 배를 까놓고 자는 아기, 그리고 술집에서 일하는 청소년 엄마…. 복잡 미묘한 생각과 마음이 나를 괴롭혔다.

내가 잔소리를 하려는 것을 안 것일까? 고개를 푹 숙인 엄마가 눈에 들어오니 그만 말문이 막혔다. 아마 살기 위해 그랬을 것이다. 어린 나이에 임신에, 가족도 없이, 도와주는 사람 하나 없이, 모든 걸 혼자 감당해야 하는 어린 엄마이니…. 손가락질만 가득하였을 아이의 세상을 이해해보려 하니 눈물이 핑 돌았다.

'그래, 살려고 그랬을 것이다. 본인이라고 왜 모를까?'

죽을상을 하고 있는 '아이 엄마'를 보니 더 이상 말이 나오지 않았다.

나는 곰곰이 생각해보았다. 오늘 처음 만난 아이와 아기다. 나는 여기서 도대체 무엇을 해야 하는가? 애초에 창민이 저 녀석의 전화만 받지 않았더라도 모르고 살았을, 그냥 먼 곳에 있는 세상에서 영화에나 나올법한 상황이다. 그래도 뭐라도 한마디 해주고 싶었다.

"그래도 아기 엄마가 아기 혼자 놔두는 게 말이 되니? 그러지 마라.”

고개를 푹 숙인 채 아이가 대답하였다.

“일을 … 해야 해서요….”

답답함이 차올라 결국 또 소리를 질렀다.

“그래도 그렇지! 그래도 어떻게 아기 혼자 남겨두고 나가
냐? 너 없는 사이에 무슨 사고라도 나서 잘못되기라도 했으
면 어쩔 뻔했냐?”

소리를 버럭 지르고 나니, 사실 오늘 처음 만난 사람이 할
말은 아닌 듯했다. 이 아이가 어떻게 살아왔고, 어떻게 지내
는지 알지도 못하면서 이런 말이나 하다니, 내가 평소 생각
하는 ‘꼰대상’과 내가 참 많이 닮아 있다는 생각이 소리를 지
르고 나서 들었다. 그래도 내가 이제부터 멘토라니까, 이왕
이렇게 된 일을 멈출 수는 없었다.

“미성년자가 술집에서 일을 하는 건 말이 된다고 생각하
니? 당장 그만둬라.”

어린 엄마는 고개를 푹 숙인 채 또 대답했다.

“돈 때문에….”

그놈의 돈이 무엇이기에 어린 엄마를 술집으로 밀어 넣었
을까? 아니, 대체 돈이 얼마나 필요하기에 그런 일을 해야 하
는 걸까? 아기 엄마한테 또 소리를 꽥 질렀다.

“돈이 대체 얼마나 필요하기에 그런 거야? 아기랑 너랑 매

달 뭐 천만 원씩 있어야 하냐?"

상대를 배려하지도 않고, 욱하는 마음에 쏘아 지른 소리에 이번엔 아기 엄마가 고개를 들었다. 그리고 내 눈을 똑바로 쳐다 보고 말했다.

"저 한 달에 40만 원만 있어도 이런 일 안 해요. 아기 분유는 먹여야죠. 먹고는 살아야죠."

어린 엄마는 그만 눈물을 글썽이기 시작했다. 아기한테 들어가는 돈 … 한 달에 40만 원. 분유, 기저귀, 물티슈를 비롯한 고정 지출부터, 어린 모녀의 생계를 위해 필요한 돈이 40만 원이란다. 고작 그 돈이 없어서 그런 거였다. 40만 원이 없어서 아기는 매일 밤 혼자 잠을 자야 했고, 그 돈이 없어서 어린 엄마는 아기를 일찍 재워야만 했다. 원룸의 문을 잠그고, 가기 싫었던 술집으로 가야 했고, 커가는 아기를 보면서 어린 엄마는 그 40만 원을 원망하며, 다시 화장을 했을 것이다. 그놈의 돈이 문제였다.

"내가 줄게, 40만 원. 매달 줄 테니까 일하지 마!"

아무 생각 없이 툭 이런 말이 튀어나와 버렸다.

나는 다 좋은데, 가끔 이렇게 '가오'가 '정신'을 지배할 때가 문제다. 어린 엄마가 놀라 말했다.

"아니에요, 괜찮아요."

'괜찮긴 뭐가 괜찮아? 안 괜찮아 보이는 걸 보고 하는 소린

데.'

"약속해줄게. 내가 너를 돕고, 너는 술집 일을 그만둔다. 그게 우리 약속이야. 만약 둘 중 하나라도 약속을 어긴다면, 이 약속은 바로 파기되는 거다. 증인은 창민이."

새끼손가락을 걸었다. 엄지를 찍고, 괜찮다는 어린 엄마에게 한 번 더 잔소리를 퍼부은 다음 돌아서 나와 버렸다.

신학생들의 쌈짓돈으로

아기와 엄마가 눈앞에서 사라지자, 갑자기 극심한 후회가 밀려오기 시작했다. 당시 나도 가난한 대학생이었다. 우리 집 사정이 학비를 대줄 형편이 아니어서 학자금 대출을 받아 대학을 다니고 있었고, 대출 이자와 생활비는 아르바이트로 충당하며 살아가던 여느 대학생과 다를 바 없었는데, 매달 40만 원의 추가 지출이 생겨버린 것이다. 어떻게 해야 할까? 고민이 되었다. 한참을 고민하다 좋은(?) 생각이 떠올랐다.

'그래, 일단 학교에 가자.'

그 당시, 나는 목사가 되고 싶어서 신학교에 다니고 있었다. 전교생이 목사가 되기 위해 신학을 배우는데, 일반대학교보다 신학교의 수는 적어, 우리 학교로 신학을 공부하기 위해 전국에서 모인 곳이다. 복도에서 "전도사님" 하고 부르면 모두 쳐다볼 정도로 학생 대다수가 전도사이자, 나와 같은 마음으로 모인 예비목사들이었다.

목사를 꿈꾸는 청년들이 모인 곳이라 그런지 학생들 대다수는 그래도 조금 더 선한 마음을 가지고 있는 것 같았다. 어릴 때의 기억에도 교회에서 전도사님과 목사님들은 치킨도 피자도 잘 사주는, 남을 위해 자신의 돈을 쓰기를 어려워하지 않는 사람들이라는 생각에, 나는 동기들을 불러 모았다. 모인 동기들에게 이야기했다.

"이중에서 혹시 대형교회에서 일하는 사람?"

몇몇이 손을 들었다. 손 든 사람들을 가리켜 말했다.

"너희는 한 달에 십만 원."

무슨 이야기를 하는지 몰라 어리둥절하고 있는 동기들에게 이어 말했다.

"그럼 중소형교회에서 일하는 사람?"

몇몇이 또 손을 들었다.

"너희는 한 달에 오만 원."

계속 말했다.

"개척교회 혹은 목사님 자녀들?"

또 몇몇이 손을 들었다.

"너희는 한 달에 삼만 원씩."

뻔뻔하게 말을 이어나가는 나를 어이없다는 듯 바라보는 동기들에게 설명했다.

"나를 좀 후원하십시오. 어린 청소년이 있는데, 아기를 키우려고 술집에서 일하고 있습니다. 이거 우리가 안 도와주면 누가 도와줍니까?"

말을 이어나가는데, 참아왔던 감정이 울컥 올라왔다.

"도와주고 싶은데, 저는 돈도 없고, 힘도 없습니다. 저…, 부탁드립니다."

감정이 북받쳐 올라 눈시울이 붉어진 것이 또래 동기들한 테 부끄러워 고개를 푹 숙여 버렸다. 뻔뻔하게, 막무가내로 도와달라고 부탁한다 말하고 고개를 숙인 나에게 누군가 다가왔다.

"자."

만 원 지폐 몇 장이었다.

"지금 이것밖에 없어. 내일 더 보낼게. 그 친구 이야기 좀 자세히 해줘. 나도 내가 할 수 있는 거 찾아보게."

돈보다 내민 손이 먼저 눈에 들어왔다. 복학생 형이었다. 저 형도 내가 알기로는 학비를 감당하기 위해 수업이 없는 날이면 막노동을 하는 것으로 알고 있었다. 둔탁한 손이 내 마음을 쓸어내리는 것 같았다. 돈보다 누군가가 관심을 가져주고, 함께하자며 손을 내밀어주니 마음 한구석에 따뜻함을 넘어선 훈훈함이 가득 찼다.

'누군가의 관심이 이렇게 위로가 되는 것이로구나.'

손을 내밀어준 그 행동 하나가 사진처럼 나의 마음에 새겨졌다.

"오빠는 약속 지켰다"

누군가 나에게 관심을 가져주는 것은 단순한 위로가 아니다. '혼자' 하는 일이라 생각했는데 '같이'가 되니 더 이상 두려움이 없었다. 두려움이라는 것이 애초에 '혼자라는 것'에서 시작된 것이니, 이제는 외롭지 않다는 표현이 좀 더 정확하겠다. 눈물이 핑 돌았다. 내가 느낀 지금의 이 기분을 그 어린 엄마가 동일하게 느끼면 좋겠다는 생각이 들었다. 내가 해야 할 일은 명확해졌다. 어린 엄마에게 '너는 혼자가 아니다'라고 얼른 말해주고 싶어졌다.

신이 나서 신학생들에게 그 아이를 만나게 된 경위를 들려주었다. 소년원에서 봉사 활동을 한 이야기, 밤에 주희를 만나서 밥을 사준 이야기, 아기의 상태는 어떻고, 그 아이는 왜 혼자가 되었는지에 대한 이야기를 열심히 하는데, 한 명 두 명 내 곁으로 다가왔다. 또래 동기가 겪은 이야기를 경청해준 신학생 친구들은 주섬주섬 자신들의 주머니를 뒤지기 시작했다. 한 움큼의 지폐가 내 앞에 쌓이기 시작했다. 돈을 하나하나 세어보았다. 삼십 몇만 원, 이 정도면 이제 내 돈을 보태 주희를 만날 수 있다!

"고맙습니다."

다시 한번 고개를 팍 숙여 동기들에게 인사를 했다. 큰돈을 받았는데, 내가 할 수 있는 것이 고맙다는 인사밖에 없었다. 너무 고마웠지만, 나는 계속 이야기해야만 했다.

"매달 이렇게 필요합니다."

더 뻔뻔하게도, 고맙다는 인사와 다시 후원을 해달라는 나의 외침에 친구들은 웃음을 지어 보였다. 그리고 마음이 통한 몇몇은 이후 '청소년 미혼모를 돕기 위한 계'를 만들어 매달 그 친구의 생활비를 조금씩 보태주었다. 나의 첫 후원자 모임이 만들어진 것이다.

나는 돈을 잘 모아 봉투에 담았다. 자랑스럽게 주희에게 전화를 걸어 만날 약속을 정하였다. 돈 이야기는 하지 않았다. 놀라게 해주고 싶은 마음이었다.

늦은 저녁 주희와 나는 카페에서 다시 만났다. 주희는 그날도 화장을 진하게 하고 나를 만나러 왔다. 아마 일을 하다 나온 것 같았지만, 애써 묻지 않았다. 진한 화장으로 가린 앳되어 보이는 얼굴이지만, 처음 봤을 때만큼 마음이 아프지는 않았다. 이제 주희는 술집 일을 그만둬야 하기 때문이다. 가지고 온 봉투를 슥 내밀었다.

"오빠는 약속을 지켰다. 너도 약속을 지켜라."

놀라서 눈이 휘둥그레진 주희는 내민 봉투를 성큼 받지 못하였다.

"나랑 내 친구들이랑 모았어. 너 술집에서 일하지 마. 약속한 거다. 돈은 좀 부족하더라도 제대로 된 아르바이트 구해보자. 도와줄게."

턱 끝까지 '넌 혼자가 아니야'라는 말이 나왔지만, 주희를 앞에 놓고 그렇게 느끼하게 말하기에는 얼굴이 간질간질한 것이, 쉽사리 입이 떼어지지 않았다. 멋쩍어 목만 벅벅 긁고 있는 나에게 주희가 대답했다.

"네, 이 일 안 할게요. 다른 일 찾아볼게요."

성공이었다. 대답을 듣고 나니 한결 마음이 놓였다.

다음날부터 주희는 정말 그 일을 하지 않았다. 대신 아르바이트를 구하려 하였는데, 쉽지는 않았다. 출산으로 인해 고등학교 중퇴자가 된 학교 밖 청소년 주희를 고용해주는 정상적인 일자리는 정말 찾기 힘들었다. 아르바이트를 모집한다는 가게에 이력서를 넣고 거절당하기를 몇 번, 이번에도 역시 가망이 없어 그랬는지 주희는 핸드폰을 툭 치며 한숨을 쉬었다.

아기 업고 검정고시 준비를

"뭐가 문제일까요?"

주희는 자주 나를 만나 하소연을 늘어놓았다. 하소연이라야 나이에 어울리지 않는 깊은 한숨이 다였다.

"네 생각엔 뭐가 문제인 것 같으냐?"

뭐라 해줄 말이 없어 질문에 질문으로 답을 한 것이었지만, 뜻밖의 답이 주희 입에서 나왔다.

"내가 사장이라고 해도 저 같은 애는 안 쓸 것 같아요. 보호자도 없지, 학교는 다니지 않지, 거기에 아기까지 낳았지…. 하다못해 고졸 졸업장이라도 있으면 이력서 내밀 때 부끄럽지는 않을 텐데…."

주희는 자신의 이력서에 중졸이라고 적는 게 부끄러웠다고 말하였다.

"내가 가르쳐줄게. 검정고시 공부 한번 해볼래?"

부산 소년원 아이들에게 공부를 가르쳐보았고, 또 몇몇을 합격시켜본 경험이 있는 나는 검정고시에는 자신이 있었다. 사실 고졸 검정고시는 대다수의 과목이 암기만 하면 되는 것이고, 영어와 수학 정도는 될 때까지 기출문제만 풀다보면 그 문제가 또 비슷하게 출제되므로, 문제를 분석하고 오답의 설명만 스스로 가능하면 웬만하면 다 합격이 가능했다.

"아, 저 돌머리예요. 하하하, 안될 거 같아요."

해보기도 전에 주희는 맥이 빠지는 소리를 해댔지만, 계속된 실패 경험이 주희의 자존감을 누르는 것 같아만 보여 더 힘을 주어 이야기했다.

"하자! 부끄럽기 싫다며? 이력서 제출하고 아르바이트 하고 말고의 문제가 아니라, 부끄럽지 않은 엄마가 되자. 중졸보다는 고졸 엄마가 더 좋지 않겠냐?"

잘 되었다 싶었다. 술집 일을 그만두고 아르바이트를 구하면 한결 마음이 가벼워질 것 같았는데, 아르바이트를 구하지 못하니 얘가 또 밤에 일을 나가면 어쩌나 하는 걱정에, 매일 밤 출근 시간 때마다 불러내 밥을 먹이며 감시하자니 식비가 달릴 무렵이었다. 그러니 검정고시는 우리 둘 모두에게 유익하다고 생각하였다. 당장 주희를 끌고 서점으로 가 기출 문제집을 세 권 샀다.

검정고시는 4월에 한 번, 8월에 한 번 있다. 이것을 한 번에 모두 통과하면 좋겠지만, 공부를 중단한 지 시간이 조금 지난 주희에게는 4월에 암기과목 시험을 보게 하고 8월에 국영수와 필수과목 시험을 보도록 집중해서 공부시킬 생각이었다. 두 번에 나누어 시험을 본다면 충분히 승산이 있었다.

나는 하루는 도서관에서, 하루는 카페에서 매일같이 잔소리를 퍼부으며 주희를 가르쳤다. 주희는 안 돌아가는 머리를 억지로 굴려 가며 공부를 하였다. 아기를 어린이집에 보내지 못한 날이면 아기를 들쳐 매고 와서 공부를 하였다. 이제 갓 대학에 입학한 젊은 학생 하나와 고등학교를 다닐 법한 나이의 아기를 업은 어린 학생 하나, 그 두 사람이 머리를 맞대고 검정고시를 공부하는 모습은 누가 보아도 진풍경이었을 것이다. 그런 어색한 모습의 시간이 몇 번 지나고 아기가 제법 또렷하게 '삼촌' 비슷한 소리를 내게 될 즈음, 주희는 나의 바람대로 검정고시에 합격하였다. 고생한 주희의 마음을 하늘도 알았는지, 그다음부터 주희의 삶은 일사천리로 풀려가기 시작하였다.

고졸 검정고시와 자립

고졸, 우리가 생각하기에는 당연한 듯한 단어이지만, 대한민국의 평균 학력이 고졸이라는 사실을 나는 그때 알았다. 주희는 이력서 학력란에 고졸이라고 꾹꾹 적었다. 배배 꼬인 나는 고졸이든 중퇴든 상관없다는 '주의'였지만, 주희는 이력서에 고졸이라고 적는 것을 굉장히 즐거워하였다. 자신이 '대한민국 평균'이 되었다는 사실이 이탈된 삶을 살아온 주희에게는 큰 희망 같은 것이었다. 왜 학력으로 본인이 떳

떳떳해지는지, 공부를 시키고도 불만이 가득한 나였지만, 생글생글 웃으며 이력서를 적는 주희를 그냥 쳐다보는 것만으로도 대견하였다. 주희는 중소기업에 이력서를 넣었고, 합격하여 일을 하기 시작했다. 첫 달 월급을 받은 주희는 입금이 확인되자마자 나에게 전화를 걸어 말했다.

"오빠, 우리 고기 먹어요. 내가 사줄게요!"

주희는 일을 시작하면서 얼굴에 고단함이 가득했지만, 전에 없던 뿌듯함 가득한 목소리로 나에게 밥을 사주었다.

"월급 받은 거 뭐할 거야?"

주희는 한 움큼 고기를 쌈 싸 먹으며 말했다.

"모르겠어요. 아기 옷도 사고, 월세도 내고, 또 뭐 하지?"

아기 옷, 월세, 생활비, 이것저것 이야기하는 주희의 말 어디에도 자기를 위해 돈을 쓴다는 말은 없었다. '너를 위해 돈을 좀 쓰지, 옷도 좀 사고, 놀러도 가고 그러지'라는 말을 하려는 찰나에 주희가 말을 이었다.

"모르겠어요. 쓸데도 없는데, 그냥 저금이나 해보죠, 뭐."

안쓰러운 마음과 대견한 마음이 오고 갔다. 주희는 정말 자기가 한 말을 지키듯 억척스레 돈을 모았다. 시간이 흘러 어느 날은 돈을 꽤 많이 모았다며 원룸을 나가 이사를 가야겠다고 말하더니, 제법 괜찮은 빌라로 이사를 하였다. 아기와 같이 살기에 괜찮은 환경이었다. 집기와 가전은 중고로 구매하였지만, 주희와 아기의 삶이 조금 쾌적해진 것 같아 보였다.

　어느 날, 주희는 전화로 평생소원인 해외여행을 아기와 함께 가보고 싶다고 말했다. 일 때문에 주말을 이용해 사흘 밖에 안 되는 여행이었지만, 드디어 본인을 위해 돈을 쓰는 것 같아서 진심으로 응원해주었다. 검정고시를 합격하고, 원룸에서 나와 주거지가 안정되었고, 본인을 위해 삶을 살기 시작한 주희에게 "자립하였다"고 나는 말하였다. 그런 주희를 생각하니 걱정보다 기쁘고 대견한 마음밖에 없었다.

맘카페에 알려진 총각의 전화번호

나는 원래 봉사 활동을 하였던 소년원과 보육원으로 돌아가려 하였다. 우연치 않게 나와 전혀 상관없는 미혼모 한명을 만났고, 그 아이가 자립하였으니 할 만큼 했다고 생각했기 때문이다.

　그런데 이때 '문제'가 생겼다. 주희가 자신의 삶을 뒤돌아보니, 스스로 생각해도 본인의 모습이 만족스러워서였을까? 지금 잘 살고 있는 자기 모습을 누군가에게 자랑하고 싶었다. 하지만 주희는 가족도 없었고 친구도 몇 없었다. 항상 내쳐지고 버려지기만 한 주희에게 기쁨을 나눌 수 있는 사람은 손에 꼽을 정도였다.

주희는 컴퓨터를 켰다. 평소 활동하던 '엄마들이 모인 카페'에 글을 쓰기 시작했다. 평소에는 아기의 육아나 필요한 물품에 대한 것들만 질문하던 주희의 글이 조금 달라졌다.

"나는 술집에서 일하던 엄마입니다."

제목을 쓴 주희는 막힘없이 글을 써내려가기 시작하였다.

"저는 한 아이의 엄마입니다. 열여섯에 원치 않는 임신을 하였고, 당시 남자친구는 그대로 연락이 끊어졌으며, 열일곱 살 때부터 출산을 하기 위해서 술집에서 일을 했습니다. 이런 일을 하면 안 되는 줄 알면서도, 아기를 꼭 낳고 싶어 악착같이 돈을 벌었습니다. 그렇게 해서 사랑하는 아기가 태어나고, 이번에는 아기와 먹고 살기 위해서 술집에서 일을 했습니다. 그렇게 돈을 벌면 행복할 줄 알았는데, 그렇지 않더라고요. 그렇지만 이미 나의 인생은 끝이 났다고 생각하였고, 이 일 말고는 할 수 있는 게 없다고 생각하였습니다. 아무도 나에게 희망이 있다고 가르쳐주지 않았고, 아무도 나에게 열심히 살아보라고 말해주지 않았습니다. 매일같이 힘들어 죽고 싶은 마음이었고, 죽으려 하면 예쁜 아기 얼굴이 떠올라 죽는 걸 포기하면서도, 아기에게 부끄러운 엄마라고 느껴져 다시 죽고 싶어지는, 그런 쳇바퀴 속에서 사는 것 같았습니다. 그런데 어느 날, 어느 오빠가 나타나서 너무 쉽게 술집 일을 그만 두라 말하고, 검정고시를 하자느니, 직장을 구하자느니, 그런 소리를 하였습니다. 내가 살아온 인생을 뭘 안다고 저렇게 쉽게 일을 그만 두라 말하고 공부를 가르치려 하고 일을 구하려 할까? 그런 생각이 대부분이었지만, 한편으로는 누군가 나에게 관심을 가져주고 힘을 내라 말하는 소리가 좋아서 공부를 하기 시작하였습니다. 결론적으로 저는 지금 술집 일을 그만두고 직장을 다니고 있으며, 무엇보다 아기에게 조금은 떳떳한 엄마가 되어 있는 것 같아요. 그냥 누군가에게 이야기하고 싶어 적었습니다."

간단히 자신의 이야기를 넋두리처럼 적은 주희의 글이었지만, 반응은 엄청났다. 맘카페는 육아 정보를 공유하기 위한 아기 엄마들과 여성들이 몇천 명씩, 많은 곳은 몇만 명 단위의 인원이 모인 곳이다. 어린 엄마의 이야기를 들어서인가 하나둘, 댓글을 달았다.

"언니, 너무 보기 좋아요.."

"화이팅입니다."

"응원해요."

뻔한 응원의 댓글들이지만, 관심과 응원을 처음 받아본 주희에겐 달랐다. 많은 사람들이 자신의 이야기에 공감하고 응원하는 반응을 보이자, 주희는 다시 글의 말미에 내용을 덧붙였다.

"제가 이 글을 적었던 이유는 하나입니다. 혹시 저와 같은 사람들이 있다면 힘을 내자고요. 저는 적어도 일어났잖아요. 포기 않고 살고 있잖아요! 여러분은 혼자가 아니에요."

나는 느끼해서 주희에게 해주지도 못한 말을 주희는 잘도 내뱉었다. 그리고 주희는 마지막에 가장 중요한(?) 말을 덧붙였다.

"정말 힘들어 죽고 싶은 사람이 있다면 죽지 마세요! 이 오빠한테 한번 연락을 해보세요."

그리고 나의 전화번호를….

그때까지만 해도 나는 그렇게 많은 전화가 나에게 올 줄은 상상도 못 했다.

도와준 단 한 사람

핸드폰에 진동이 또 울렸다. 역시 모르는 번호였다. 무의식

적으로 손을 핸드폰으로 가져갔다가 어떤 전화일지 한참 생각해야 했다. 그러다 궁금해서 그냥 또 통화버튼을 눌렀다.

"안녕하세요? 저는 스물네 살 미혼모인데요, 저 좀 도와주실 수 있으신가요?"

"안녕하세요? 저는 열여덟 살이고 임신 중인데…."

"저는 아기가 세 명인데 도와주실 수 있으신가요?"

"저희 아기는 장애가 있습니다. 도와주실 수 있으신가요?"

정신이 없었다. 계속해서 걸려오는 전화, 도움을 요청하는 사람들. 제각기 사연이 있겠거니 했으나, 나는 쥐뿔, 아무것도 가진 것이 없는, 20대 초반의 그냥 평범한 청년이었다.

"아니, 제가 이런 전화를 너무 많이 받아서 그런데요, 그렇게 도와주는 사람이 없나요?"

하소연 반, 궁금 반을 섞어 되물어보았다. 돌아오는 답변은 의외였다.

"네 없어요. 도와준다는 사람도 없고, 있다 한들 그런 정보를 어디서 얻어야 하는지도 몰라요."

그때 나는 꽤 큰 충격을 받았다. 생각해보면, 이 글을 쓸 때 나의 나이가 서른하나이고, 그때가 스무 살이니 불과 11년 전이다. 미혼모에 대한 인식은 물론, 한부모 가정 지원 같은 가족복지에 대해 지식이 전무(全無)할 때이니, 방법을 모르는 이들이 소문을 듣고 물어 나를 찾는 것은 당연한 일이 되어버렸다. 그러나 문제는 나도 방법을 모른다는 것이었다. 제각각 다른 상황, 어떤 도움이 필요한지도, 어떤 복지가 필요한지도, 아니 '복지'란 것을 공부해보지도 않은 내가 이 일을 감당할 수 있을지도 자신이 없었다. 친구들을 불러 모아 머리를 맞대고 이야기했다.

"어떻게 해야 할까?"

당사자인 나도 답을 모르는데, 친구들이라고 알 턱이 없었다. 한참을 고민하다 문득 주희가 생각났다. 사건의 원인 제공자다. 전화를 걸어 주희를 불러내 화를 내는 건지 하소연을 하는 건지 한참 쏟아부었는데, 드디어 주희가 입을 열었다.

"아니 오빠, 다는 아니더라도, 누군가 술집에서 일을 한다면, 그게 청소년이라면, 그리고 그것이 아기랑 먹고 살기 위해서라면, 복지고 뭣이고를 떠나, 사람이라면 당연히 도와줘야 하는 것 아닐까요? 만약 그런 아이들이 계속해서 연락이 온다면, 저부터 도와드릴게요."

"그래, 당연히 도와줘야지. 나도 그건 아는데….."

이것저것 변명거리를 늘어놓으려는 내 입을 주희가 막았다.

"저한테는 오빠 한 명뿐이었어요. 도와준 사람. 오빠한테는 이제 많은 사람들 중 하나이지만, 제가 사는 세상에서는 나를 도와준 사람이 오빠 한 명이라고요."

복잡했던 마음이 정리가 되었다. 어쩌면 마음이 복잡했다기보다, 명분을 찾고 싶어 했던 나에게 주희는 하나의 이유가 되어주었다. 엊그제 열몇 통의 전화, 그리고 오늘 또 몇 통의 전화. 나에게는 모르는 사람 여럿, 도움이 필요한 사람 몇 명의 전화였지만, 사실 맘카페에 가입된 수많은 사람들이라 생각했지만, 그 사람들에게 나는 손을 내밀어줄 단 한 사람이었다.

하나, 한 사람이라는 단어에는 절박함이 가득했다. 하나, 둘, 셋, 숫자가 점진적으로 증가할 때는 왜인지 희망이 생기지만, 셋, 둘, 하나로 줄어들수록 아쉬움이 커진다. 그것이 사람이라면 더 그러하듯, 나에게 한 사람이라는 단어는 꽤 크게 가슴에 닿았다. 그래, 이왕 이렇게 된 것, 그렇다면 주희에게처럼 세상의 마지막 한 사람이 되어주고 싶었다. 모인 친구들과 이야기를 마치고 우리는 그렇게 봉사단체 겸 선교단체인 '바람선교회'를 만들게 되었다.

'그 아이'가 만나는 마지막 사람이 되기

바람선교회는 내가 지은 말이다. wind(바람)가 아닌 wish(바람)였다. 영어공부를 할 때 wish라는 단어는 실현 불가능한, 실제상황과 다른 상황을 바랄 때 사용한다고 배웠던 기억이 있다. 지금 미혼모가 되어 삶이 팍팍해지고, 보편적인 사람들이 누리는 일상적인 상황과 환경을 바라는 것이 불가능하다면, 그것을 우리가 이루어주자 싶어 그렇게 작명하였다. 참고로 wish는 남에게 행복과 행운 등을 바란다고 말하거나 빌어준다는 뜻도 있다.

동아리 등록이나 사회기관 단체 같은 등록도 없이, 혈기 넘친 청년 하나와 죄 없이 끌려온 친구들 몇몇이 모인 우리는 그렇게 단체를 만들어 어린 엄마들을 만나기 시작하였다. 돈이 없으면 막노동을 해서 출산비를 마련하였고, 새벽이고 밤이고 도와달라는 전화에 밤잠도 반납하고 아이들을 만났다. 다른 것은 몰라도 아이들을 만날 때만큼은 우리가 만나는 마지막 사람이 될 수도 있다는 생각에 진심을 다해 만났다. 마치 처음 하나님의 사랑에 빠졌던 그때처럼, 그저 '하나님을 위해 살고 싶다'는 말만 되뇌며 이 일에 매달렸고, 우리의 절박함이 하늘에 닿았는지 때로는 사회에서, 때로는 사람들에게 지지를 받으며 활동할 수 있었다.

그러기를 몇 년, 우리는 비영리법인 '위드맘 한부모 가정 지원센터'를 설립하게 되었다. 위드맘(with mom)은 어린 엄마들의 친구이자 선물이 되어주고 싶었고, 지금도 세상 속 절벽 끝, 마지막 바리게이트가 되어주고 있다.

우리가 쳐놓은 바리게이트에는 철조망 대신 사랑을 조각해 붙여놓았다. 고개 푹 숙인 어린 엄마들이 생명을 포기하지 않은 채, 그들이 세상에서 밀려나 이곳까지 떠밀려 온다면, 그때 붙여놓은 사랑 조각들이 마치 도장처럼 그들의 영혼에 꾹꾹 찍혀질 것이다. 그리고 하나님은 또 그 아이들을 보며 껄껄 웃으시겠지.

"봐, 쟤들이 또 한명 건져냈어. 아니 1+1(원 플러스 원), 두 명이야!"

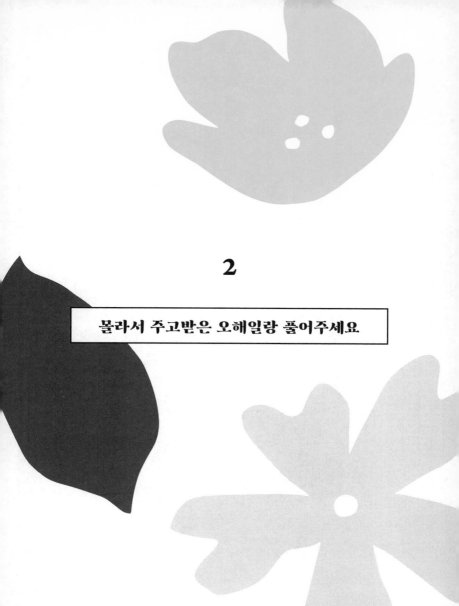

2

몰라서 주고받은 오해일랑 풀어주세요

하루는 한 아기 엄마가 나에게 아이를 맡겼다. 급하게 아르바이트 면접을 해야 하는데, 맡길 곳이 없어 뛰어왔다는 것이다. 그날이 주말이어서 어린이집에도 보낼 수 없어 맡아줄 사람은 나밖에 없었다. 이런 일이 종종 있던 터라 대수롭지 않게 아기를 맡기로 하였다.

　그런데 문제가 생겼다. 전날 저녁부터 내 몸이 으슬으슬하더니, 자고 일어나자 몸에 열이 나기 시작했고 머리는 미친 듯이 쑤시기 시작했다. 몸살이었다. 아이를 보기에는 컨디션이 너무 좋지 않았다. 그래도 어쩔 수 없다며 내 품에 5살배기 아들을 쑥 밀어 넣은 엄마는 "면접 다녀올게요"라고 외치며 후다닥 나가버렸다. 사무실에는 아이와 나 둘만 남았다.

　미운 4살, 미친 5살이라고 했던가. 잠시도 가만히 있지 못하는 아이를 쫓아 이리 갔다 저리 갔다 하며 시간을 보냈다. 옆에서 놀아주는 일도 고역이었다. 아기 놀이방에서 한참 뛰어다니던 그 아이는 갑자기 장난감을 꺼내 들었다. 순간 긴장이 됐다. 이럴 때 뭘 꺼내 드는지가 중요하다. 책이나 레고 같은 거라면 아이는 조용해질 것이고, 자동차, 비행기, 탱크 같은 걸 든다면 그때부터 나는 놀이방을 배경으로 3차 세계대전을 치러야 한다. 땀이 삐질 흘렀다.

아이가 고사리 손을 박스에 넣어 휘휘 젓더니 공룡을 꺼냈다. 그것도 하필 티라노사우르스! 최악이었다. 육식공룡이니 초식공룡은 당연히 나와야 한다. 나는 열이 펄펄 끓는 몸을 이끌고 티라노사우르스를 피해 도망가는 초식공룡이 되었다. 때로는 물어뜯기고 때로는 앞발에 치이며, 1시간이나 죽어도 죽지 않아야 했다. 그마저 실감나게 하지 못하면 아이가 삐치는 상황이 벌어지게 되는데, 그 상황은 놀이 공간을 이도 저도 하지 못하는 광야로 만들어버린다. 5살배기 삐친 아이와 단둘이 광야에 남겨진 경험이 있는가? 나는 종종 그 경험을 하곤 한다. 있지도 않은 모래알이 목구멍을 가득 매워 버릴 것만 같은 상황이다.

한참을 놀아주는데 핑핑 현기증이 나기 시작했다. 입술이 바짝바짝 말랐다. 몸 상태는 최악이었다. 힘들어 눈치를 보며 슬쩍 자리에 누웠는데 아이가 쪼르르 달려왔다. 내 이마에 고사리 손을 갖다 대더니 이런다.

"삼촌 아파?"

기회였다.

"응, 삼촌 좀 많이 아파. 30분만 누워 있을게."

"삼촌 아프면 안 되는데…."

아이는 곤란하다는 표정을 짓더니 구석으로 달려가서 핑크색 박스를 가져왔다. 그리고는 박스를 열더니 청진기를 꺼내 자기 목에 둘렀다. 아뿔싸! 병원놀이 세트였다. 지쳐 쓰러진 내 몸을 여기저기 눌러보더니 "삼촌 머리가 아프세요?" 하고 물어본다. '그렇다'고 대답하자 머리에 청진기를 가만히 올려놓던 아이가 말했다.

"삼촌 머리에 벌레 산다."

벌레라니. 이 무슨 개똥 같은 말이 또 있을까. 그냥 아이의 순수함에 헛웃음만 나오는데, 이번에는 병원놀이 상자에서 핑크색 주사기를 꺼내 내 머리를 쿵쿵 찍어댄다.

"벌레 죽어라~!! 삼촌 괴롭히는 벌레 죽어라!"

내가 죽을 것만 같았다. 아이 엄마가 오기까지 남은 시간은 아직 2시간, 더 이상은 힘들 것 같아 아이를 들쳐 매고 병원으로 달렸다. 주사라도 한 대 맞아야 버틸 수 있을 것 같아서였다.

미혼모 선교사가 받는 오해

병원에 들어가니 특유의 병원 냄새와 소독약 냄새가 났다. 아이는 몇 번 병원 경험이 있는지 그 냄새를 맡고는 내 품속으로 쑥 숨어버렸다. 간호사가 물었다.

"어디가 아파서 오셨나요?"

"머리가 아파서요. 진료 보고 주사 한 대 맞으면 좋겠는데…."

내 품에서 나가겠다며 연신 징징거리는 아기를 안고서 증상을 이야기했다.

"이름이 뭔가요?"

"이효천입니다."

데스크에 놓인 사탕을 하나 까서 아이에게 먹였다. 징징거리는 아이를 달래고 싶어서였다. 그때 내 귀를 의심할 만한 소리가 들렸다. 간호사였다.

"효천이 어디 아파서 왔어? 머리 아파서 왔어?"

간호사가 놀랍게도 내가 아닌 아이와 눈을 맞추며 물어본 것이다.

"아, 아니 이 아이가 아니라…."

말을 하려는데 간호사가 씽긋 웃으며 내 말을 잘랐다.

"효천이 진료 잘 보면 누나가 끝나고 사탕 세 개 줄게."

나이는 간호사보다 내가 더 많아 보이는데….

간호사는 '아이는 이렇게 달래는 것'이라는 듯 흐뭇하게 웃었다. 더 할 말이 없어 그냥 "네" 해버리고 소파에 앉아 차례를 기다렸다.

"이효천 님!"

내 이름을 부르는 소리가 들렸고, 나는 다시 징징거리는 아이를 들쳐 안았다. 아이를 놓아두고 갈 수는 없지 않은가. 병실에 들어가 의자에 앉으니 이번에는 할머니 의사 선생님이 말하셨다.

"어이구 잘 생겼네. 효천이 어디 아파서 왔어?"

"머리요."

내가 답했다. 머리가 아프니 머리가 아프다고 말한 것이다. 그러나 의사는 내가 대신 대답한다고 생각하셨나 보다.

"머리가 아파쪄요? 열도 나고 콧물도 나고 그래쪄요?"

"아니요. 콧물은 안 나는데 머리는 계속 아파요."

의사가 다시 말했다.

"그래요? 선생님이 잘 봐줄게. 청진기 한번 대보게 애 윗옷 한번 걷어봅시다."

나는 말 없이 내 상의를 걷어 올렸다. 한쪽 무릎에는 아이를 앉혀 놓고 한 손으로 아이를 붙잡은 다음, 다른 손으로 상의를 걷어 올린 내 모습이 내가 봐도 황당했으나, 더 당황한 표정을 짓는 의사 선생님을 보자니 가관이었다.

"아, 그럼 효천이가….."

손가락으로 아이와 나를 번갈아 가리키는 의사 선생님의 얼굴에는 미안함과 민망함이 가득했다.

"제가 효천이라고 말씀드렸는데…. 진료카드에도 32세라고 적었는데…."

의사 선생님은 그제야 한참을 웃으셨다.

"아이고 죄송해요. 아이랑 같이 오셔서, 오해했습니다."

진료를 받고 주사 처방을 받았다. 진료실 문을 열고 나오는 나의 뒤로 의사 선생님이 간호사에게 소리를 쳤다.

"아이가 효천이가 아니라 어른이 효천이에요!"

그리고는 또 소리쳤다.

"오해하지 마세요!"

풉풉거리며 웃음을 참는 간호사를 따라 주사실에 들어가 누웠더니 간호사가 이랬다.

"진작 말씀하시지 그랬어요. 오해했네요."

'저는 진작 말했습니다'라는 말을 꿀꺽 삼키며 주사 한 방을 맞고 나왔다.

진료비를 결제하는데 다들 민망한 표정이었다. 오해가 풀린 것이다. 미안해하는 간호사들에게 말했다.

"효천이 진료 잘 받았는데, 사탕 3개 먹어도 되죠?"

사람들은 당연하다는 듯, 나를 볼 때 몇 가지 오해를 한다. 대표적인 경우가 아기를 데리고 다니니 당연히 내가 아빠일 것이라는 오해다. 이 오해는 나와 마주 앉아 몇 분만 이야기해보면 금방 풀릴 것이다.

　우리 사무실 앞 부대찌개 식당에서는 더 이상한 오해를 받은 적도 있었다. 주인아주머니께서 매일 다른 아기와 엄마들을 데려오는 나에게 이상한 눈빛을 보내곤 하였다. 젊은 청년이 아기가 있는 것도 신기한데, 그 아기는 매번 바뀐다. 심지어 아기의 엄마도 바뀐다. 거기에 종종 이야기를 하다 울기까지 하는 아기 엄마들도 있으니, 탐탁지 않아 하는 표정과 눈빛은 매번 밥을 먹는 내 뒤통수를 쏘았다.

　하루는 참다못한 아주머니가 "당신 뭐 하는 사람이냐?"고 물으셨다. 나는 "선교사요"라고 답했지만 부대찌개 사장님은 믿지 않았다. 그래서 미혼모를 돕는 NGO 단체 대표 명함을 내밀었더니 깔깔 웃으며 내 등을 퍽퍽 때렸다. 오해는 아주머니가 했는데, 매는 내가 왜 맞는가?

　그 부대찌개 집은 내가 아기 엄마들을 데리고 갈 때면 아직도 "오해해서 미안했다"라며 라면사리를 서비스로 주시곤 한다. 이렇듯 우리는 오해받고 오해하며 살아간다. 이유는 매우 간단하다. 모르기 때문이다. 미혼모들을 바라보는 시선 또한 그렇다. 그들에 대한 오해는 이미 사회에 팽배하다. 몇몇 뉴스와 기사를 통해 우리는 이런 글을 본다.

'어린 청소년이 출산 후 피시방 화장실에 아기를 유기했다.'(청소년 미혼모가) 아기를 재우고 놀러 나갔다.'

이런 기사들 때문인지 사람들은 자연스럽게 '미혼모는 생명을 경시하는구나', '어릴 때 아기를 낳았으니 그렇다' 하는 오해를 하곤 한다. 이런 오해들은 꼬리표처럼 따라다닌다. 사실 나도 별반 다르지 않게 생각했던 것 같다.

그러나 내가 그들을 알게 되니 오해가 풀렸다. 그들은 생명을 선택하였고, 누구보다 좋은 엄마가 되고 싶어한다. 그렇지 않았다면 아기를 낳지 않았을 것이다. 따라서 생명윤리의 관점으로 이 친구들을 봐주어야 한다는 것을 알게 되었다. 나에게 있던 오해의 안개가 걷혔기 때문에 알 수 있는 사실이었다.

어린 엄마가 바둥대며 살아온 사연

다혜라는 어린 엄마가 있었다. 오해를 많이 받았고, 그 엄마가 받은 오해 때문에 나도 함께 힘들어해서인지, 청소년 미혼모 하면 나에게는 항상 아픈 손가락처럼 생각나는 엄마이다.

다혜는 만삭일 무렵 나를 찾아왔다. 혼자 올 용기가 없었는지, 아니면 찾아올 마음이 없었던 건지, 친구 손에 끌려오다시피 들어온 다혜는 인사도 하지 못하고 고개만 푹 숙이고 있었다.

다혜의 모습은 모두 검은색이었다. 머리도 검정, 옷도 검정, 신발도 검정, 씻지 못했는지 손톱 밑도 검정이었다. 감정이라는 것이 없는 듯한 멍한 눈빛과 무표정한 얼굴도 검정이었다. 초췌함을 넘어 어둡다는 표현이 다혜에게는 잘 어울렸다. 행색뿐 아니라 다혜를 감싼 분위기까지 그렇게 어두웠으니, 함께 있는 것만으로도 우리에게 어두움이 내려앉는 것 같았다. 그래도 나는 어둠이 내려앉은 다혜에게 늘 하는 질문을 해야만 했다.

"어떻게 저희를 알고 오셨나요?"

"…."

"생활은 어떻게 하고 계신가요?"

"…."

"아기는 어디에 있나요?"

"…."

대답을 하지 않고 있지만, 푹 숙인 고개와 어깨가 바들바들 떨리는 것이 쉽지 않은 시간을 지내온 것 같았다. 조금 더 참을성을 가지고 입을 열기를 기다릴 때, 함께 온 친구가 답답한 듯 소리쳤다.

"야, 똑바로 말씀드려! 너 여기서도 버려지면 진짜 길바닥에서 애 낳아야 해."

친구의 카랑카랑한 목소리가 사무실에 울렸고, 버려진다는 말은 그대로 내 가슴에 날아왔다. 그제야 고개를 든 다혜가 입을 열었다. 두 눈이 붉게 충혈되었지만, 여전히 감정 없이 무표정한 다혜는 아무렇지 않은 듯 담담히 본인의 이야기를 들려주었다. 목소리가 떨렸다.

혼인신고를 하던 날, 남자는 새 여자를 만났다. 거기서부터 모든 것이 잘못되어갔다. 남자는 다혜를 찾아와 뱃속의 아기를 지우자고 설득했다. 이를 바득바득 갈던 다혜는 미혼모를 위한 쉼터에 들어가 그래도 출산을 준비하려 했다고 한다. 모성애나 생명에 대한 소중함보다 복수심이 더 컸다. 그러나 찾아간 미혼모 시설에서는 엄마들끼리의 텃세에 밀려 쫓겨나게 되었고, 다혜는 당장 생활비와 출산비가 없었다. 단 하루 몸을 눕힐 장소 또한 없으니, 다혜는 단돈 몇만 원이 급했다. 유흥업소에서라도 일을 하고 싶었지만, 그런 곳조차 더러운 행색의 다혜를 써주지 않았다. 결국 다혜는 조건만남과 원조교제 같은 성매매를 하기에 이르렀다. 그렇게 해서 고작 하루에 몇만 원을 벌어 겨우 하루를 살던 다혜에게 문제는 끊이지 않았다. 만삭임에도 하루 한 끼 겨우 먹기가 일쑤였고, 배가 불러올수록 성매매를 할 수 없으니 그 마저도 못 먹기가 부지기수였다.

불러온 배를 감추기 위해 다혜는 패딩으로 부풀어 오른 배를 감추었다. 그리고 조건만남을 하자는 성매매 남성을 만나 모텔로 들어갔고, 돈을 받고 남자가 씻는 동안 그 돈을 들고 도망을 쳤다. 도망치던 다혜는 멀리 가지도 못하고 붙잡혔고, 화가 난 남성은 다혜를 넘어뜨리고 폭행했다. 얼마나 맞았는지, 이 이야기를 꺼낼 때부터 다혜의 손가락은 사시나무 떨듯 떨리기 시작하였다. 그렇게 겨우 바둥대며 살아가다 물어물어 우리를 찾아온 것이었다.

그 거친 경험을 담담하게 말하는 다혜의 눈동자는 초점이 풀려 있었다. 분명 말 못 한 사정이 더 많겠지만, 눈물 한 방울 흘리지 않고 자신의 이야기를 하는 무표정한 다혜가 계속 신경이 쓰였다. 문득 부푼 배가 더 신경 쓰여 물어보았다.

"철분제 비타민 먹고 있어?"

"…."

또 다시 말이 없다.

"다른 생각 말고 아기만 생각해. 말을 해줘야 내가 도울 수 있어, 병원 진료 언제 받아봤어?"

"8월 즈음에요…."

놀랐다. 2월이 출산 예정일인데, 그때가 11월이니 몇 달

남지 않았다. 급히 일어나 다혜를 데리고 병원부터 찾았다. 어둡던 다혜의 표정과 제법 많이 부풀어 오른 배가 걱정되었다. 택시를 타고 한참을 달려 병원 근처에 도착하였다. 담담하던 다혜의 얼굴에 불안한 표정이 역력했다.

"왜 그래? 무서워?"

조용히 다혜가 입을 뗐다.

"네…."

오랫동안 진료도 못 받아보고, 아기와 자신의 건강에 소홀한 시간만큼 두렵고 떨리는 마음이 커지기만 했나 보다.

"나 살아 있으니 포기하지 말아요"

하얀 병원에 검정색 일색의 다혜를 앉혀 놓으니 이질적인 느낌이 들었다. 곧 다혜의 이름이 불리고, 간단한 진료 후 초음파검사가 시작되었다. 의사가 아기의 상태를 확인할 때, 나는 밖에 앉아 모니터 화면을 봐야 한다. 흰 커튼 너머로 의사 선생님의 소리가 들린다.

"무게 … 정상, 머리가 … 조금 크지만 정상. 다리도 … 1주 정도 길어요. 정상."

한참 이리저리 기계를 움직이던 선생님이 모니터를 뚫어

지게 쳐다보더니 진단 결과를 말했다.

"전체적으로 다 건강해요."

"휴…."

깊은 안도의 한숨을 쉴 수 있었다. 말은 안 했지만 불안했던 내 마음도 그제야 조금 안심이 되었다.

"심장 소리를 들려 드릴게요."

하얀 커튼 너머에서 의사는 이어서 말했다. 이내 초음파 기계의 소리가 들렸다.

'치이이익, 치이이이이익.'

이 기계음은 언제 들어도 적응이 되지 않는다. 그리고 잠깐의 정적이 이어지면 진료실 안의 사람들은 모두 숨을 죽이고 귀를 쫑긋거린다. 이내 아기의 심장 뛰는 소리가 들린다.

"두근두근."

"두근두근."

주먹만한 아기의 콩알만한 심장이 어찌 그리 힘차게 뛰는지….

한 번 두 번, 아기의 심장은 뛸 때마다 온 힘을 다해 생명을 흘려보낸다. 초음파 기계의 까만 모니터로 바라본 아기의 심장은 매번 말로 표현할 수 없는 신비한 느낌을 준다. 꼼지락거리는 작은 손은 스크린을 보며 울고 있는 엄마의 마음을 만진다. 아기는 어린 엄마의 뱃속에서 "나는 아직 살아있으니 포기하지 말아 달라"고 온몸으로 외치는 것이다.

넋 놓고 심장 뛰는 소리를 듣고 있는데, 다혜의 흐느끼는 소리가 들렸다. 훌쩍대던 다혜는 갑자기 의사 선생님에게 인사를 하기 시작했다.

"감사합니다⋯. 감사합니다⋯."

뭐가 그리 감사한지, 다혜는 눈물을 훔치며 계속 고개를 조아렸다.

진료비를 계산하고, 병원을 나와 다혜와 이야기했다.

"지금 당장 필요한 것들부터 준비해보자. 절대 병원 빠지지 말고, 아기 태어난 후에 살 수 있는 곳도 알아보면 나올 거야. 출산용품은 다행히 후원받은 게 있으니 됐고⋯."

한참 이야기하는데 아까와는 다르게 눈이 퉁퉁 부은 다혜가 쭈뼛쭈뼛 입을 떼기 시작했다.

"저⋯. 돈이 지금⋯."

말을 꺼내는 다혜의 모습이 아까와 사뭇 달랐다. 눈이 부어서일까, 신나게 울고 난 뒤여서 그럴까? 진료를 받기 전까지 검은색이던 다혜의 낯빛이 아주 조금 밝아져 오묘한 색이 되었다. 그 모습이 우스워 미소를 지으니, 나의 미소를 본 다혜도 배시시 웃어 주었다.

"우리가 도와줄 수 있다. 우리가 만약 너를 도와준다면 넌 우리에게 뭘 해줄 수 있겠니?"

다혜는 한참 말을 못 하며, 배시시 웃던 얼굴을 다시 숙여버렸다. 축 처진 아이의 어깨를 토닥여주며 말했다.

"불법적인 일 다시는 하지 마라. 조건만남도, 유흥업소 일도, 아무리 돈이 없어도 절대 그런 일 하지 마라. 그것만 약속해준다면 앞으로는 내가 무슨 일이 있어도 도와줄게."

사실 해줄 수 있는 말은 그것뿐이었다. 다혜가 우리에게 무엇인가를 해준들 무슨 소용이 있을까? 가장 기본적인 요구이고, 다혜를 처음 보자마자 생각했던 것들을 말해준 것이다.

"네…."

본인이 뱃속의 아기와 함께 살아가기로 결정하였다면, 스스로 엄마로 살기로 결정하였다면, 안 되는 건 안 되는 거였다. 태어날 아이를 위해서도, 다혜 스스로를 위해서도 나는 꼭 이 약속을 받아내야만 했다.

"같이 찾아보자. 분명 방법은 있을 거야."

다혜는 우리가 내민 손을 잡고 대답하였다.

"꼭 약속할게요."

몇 번 더 다혜와 약속을 하고 나서야 나는 마음이 조금 괜찮아졌다.

'저런 애'는 집도 못 구해요?

지친 다혜를 친구에게 데려다준 뒤 우리는 바쁘게 움직이기 시작하였다. 다혜는 당분간 친구집에서 지내기로 하였고, 나는 평소 나를 도와주던 대학생 봉사자들을 불러 모았다. 그들에게 다혜의 상황을 설명하고, 도울 수 있는 방법을 찾고 싶었다. 혼자 할 수 없는 일이기에 나를 도와주던 이들의 도움이 가장 절실했다. 곧 생겨날 다혜의 가정에 손을 내밀어주는 이웃이 좀 더 많았으면 하는 마음도 있었다.

여자 봉사자들은 병원을 담당하였다. 다혜를 데리고 빠지지 않고 병원에 갈 수 있게끔 인도하였고, 출산에 필요한 물품과 아기를 키우는 데 필요한 양육 용품들을 구하기 위해 이리저리 뛰어다녔다.

나를 포함한 남자들은 다혜와 태어날 아기가 살 수 있는 보금자리를 찾기 위해 이리저리 뛰어다녔다. 나는 집을 담당했다. 봉사자들끼리 주머니를 털어 돈을 모아 보니 보증금 정도는 마련할 수 있게 돼, 부동산을 알아보고 열심히 발품을 팔아 딱 맞는 조건의 집을 찾았다. 우리 사무실과 그리 떨어지지 않았고, 집을 둘러보니 그리 크지는 않아도 아기와 다혜가 생활하기엔 괜찮다는 생각이 들었다. 집을 둘러보며 혼자 상상의 날개를 폈다.

거실 겸 주방에 곧 태어날 아기와 다혜가 보인다. 아기는 배가 고프다고 빽빽 울어대고, 다혜는 허둥지둥 분유를 타기 시작한다. 작은 방 한켠에서는 곤해 지친 아기가 누워 잠을 잔다. 다혜는 잠든 아기의 배를 토닥이며 자장가를 불러준다. 창 한켠에 달빛이 스며들어와 아기와 다혜를 비춰준다. 이런 상상이었다.

다혜에게도 몸을 누일 수 있는 보금자리라는 것이 마련되는 것이니, 기분이 좋아져 미소가 번져갔다. 집을 함께 둘러본 다혜도 기분이 좋은지 똑같은 미소로 나를 쳐다보았다.

'이 집으로 해야겠다.'

기대하는 마음으로 집주인과 계약하기 위해 다음날 이른 아침부터 다혜를 데리고 부동산으로 달려갔다. 문을 열고 들어가 앉는 순간 계약하기로 한 집주인이 입을 열었다.

"어리네요."

생뚱맞고, 생각지도 못한 말이었다. 위아래로 다혜를 훑는 눈길이 느껴졌다.

"이렇게 어릴 줄 몰랐습니다. 신혼부부인 줄 알았는데 남편도 없고, 여자 혼자면 월세가 밀릴 수도…. 계약은 없던 걸로 하는 게 좋을 거 같아요."

집주인은 뭔가 오해하고 있다. 참다 못해 내가 거들었다.

"월세 계약인데, 신혼부부면 어떻고 아니면 어떻습니까.

월세 밀릴 일 없습니다."

옆에 있던 중개사 아주머니는 어떻게든 해보려 노력했지만 주인아주머니는 완고했다. 서로 언성만 높아져 갔다. 점점 말이 과격해졌다. 급기야 옆에 앉아 있는 다혜를 향해 주인아주머니가 소리를 질렀다.

"아니 저런 미혼모에게 어떻게 방을 줘요? 주인 입장에선 절대 안 되요. 아무리 그래도 어떻게 저런 애를…."

말이 날아와 가슴에 꽂히는 화살 같았다. 월세 계약하러 갔을 뿐인데, 다혜는 마치 죄인이라도 된 듯 고개를 푹 숙이고 아무 말을 못 했다. 고개 숙인 다혜의 모습을 보자 더 마음이 아팠다.

"고개 들어! 나가자. 저 아줌마가 이상한 거야."

그런 게 아닌데, 왜 항상 사람들은 이렇게 편견부터 가지고 보는 것일까? 턱 끝까지 욕이 차올랐지만 다시 삼켰다. 흘깃 주인아주머니를 한번 째려본 후, 성질이 나 문을 박차고 나오는 나를 다혜가 쭈뼛쭈뼛 따라 나왔다. 화가 나는 마음과 미안한 마음이 뒤섞여 분노가 되었다. 애꿎은 쓰레기 더미를 발로 퍽퍽 차보다가, 결국 다시 방을 구해야 한다는 생각에 깊은 한숨만 푹 쉬었다. 아쉬운 대로 다혜를 다독여 돌려보냈다.

'저런 애'들이 살아가는 세상의 온도

돌아오는 차 안에서, 아주머니가 한 말이 계속 마음에 남아 들려오고 있었다.

'저런 애.'

그 아줌마가 생각한 '저런 애'란 어떤 사람일까. '저런 애'라는 단어에는 얼마나 많은 의미가 함축돼 있는 것일까.

여러 설문조사에서 미혼모에 대해 조사를 하다 보면 항상 빠지지 않고 나오는 말이 있다.

'윤리적으로 문제가 있는 여성.'

전통 유교 사상과 관습이 지배하는 우리네 사회에서 어릴 때 임신하였고 출산을 하였으니 당연히 그런 결과가 나올 수 있다. 그리고 이런 결과가 다혜를 '저런 애'로 만들었다. '저런 애'인 다혜를 포함한 내가 만나는 많은 '저런 애'들은 본인이 원치 않아도 사람들의 시선을 피부로 느끼며 살아간다. 눈을 감고 귀를 닫아도 사라지지 않는 이 시선들은 꼬리표가 되어 '아이 엄마'들 옆에 붙어 있다. 옆에서 지켜보는 나도 뼈가 시릴 정도의 차가움을 느끼는데, '아이들'이 살아가는 세상의 온도는 어떨지 상상조차 힘이 든다. 아이들을 향한 사랑이나 용납이 없는 이 온정 없는 사회는 날이 갈수록 무섭기만 하다.

사실 사람들이 조금만 '저런 애'들을 향해 아량을 베푼다면, 아무 상관도 없는 사람들에게라도 좀 더 따뜻한 곳에서 '이웃'이라는 안경의 프레임을 빌려와 써본다면, '윤리적 문제'라는 문제 뒤에 숨겨진 '생명윤리'라는 답이 보인다.

크리스천은 시선을 달리해야 한다. '윤리적 문제'가 아닌 '생명윤리', 그리고 '생명윤리'라는 선택을 위해 싸우고 있는 '저런 애'들의 고군분투를 응원한다면, 분명 얼어 있는 도시의 온도는 조금 높아지게 되리라 나는 믿는다.

결국 근처에, 환경은 조금 좋지 않지만, 작은 집을 하나 구하였다. 계약서를 쓰는 내내 다혜에게 미안한 마음이 들었다. 딱히 내가 잘못한 것도 없지만, 여타와 다른 어른이 되고 싶었던 나는 집을 구해주면서도 미안해서 울상이었다. 빈집을 쓸고 닦기를 몇 번, 반찬을 사서 다시 그 집을 방문하기를 몇 번, 괜히 학교를 오가다 아기 옷을 사서 선물하기를 몇 번이나 했는지 모른다.

엄마의 포기하지 않는 사랑으로

어느새 다혜의 출산일이 다가왔다.

나는 간만에 정장을 꺼내 입고 봉사자들에게도 모두 옷을 갖추어 입기를 부탁하였다. 아침 일찍 양손 가득 아기 선물과 미역국과 케이크를 들고 다혜와 함께 병원을 향했다. 다혜를 만난 지 3개월, 우리는 다혜의 이웃이 되고 친구가 되어 갔다. 다혜는 이제 제법 우리에게 마음을 터놓고 이야기하기 시작했다.

"빨리 나왔으면 좋겠어요. 무거워 죽겠어."

불만 섞인 투정을 부리는 엄마의 마음을 아기는 아는지 모르는지, 진통이 시작된 지 한참이 지났는데도 소식이 없었다. 대기 시간이 길어지고, 결국 다혜의 체력을 걱정하여 유도분만을 시작하기로 하였다. 그런데, 촉진제를 꽤 오래 맞았는데도 아기는 엄마와 떨어지기 싫은지 나올 생각이 없었다. 아기는 엄마를 거칠게 몰아붙인 세상의 차가움을 아는지 모르는지, 아기의 세상 가장 안전한 곳에서 계속 웅크리고 있었나 보다.

"미운 녀석."

다혜는 아기가 빨리 나왔으면 하는 마음으로 말을 툭 던진 뒤, 연신 배를 쓸어내리며 아기를 기다렸다. 나는 분만실로 들어가지 못한다. 분만실 입구에 앉아 기다리는 게 나의 일이다. 오히려 내 걱정을 하는 다혜는 밥이라도 먹고 오라 하지만, 더 이상 다혜의 일은 남의 일이 아니기에 병원 밖을 나가지도 못하고 분만실 앞에서 시간을 보냈다.

'잘되어야 할 텐데… 잘되어야 할 텐데….'

속으로 되뇌며 애꿎은 내 손톱만 뜯어대는 게 고통으로 시간을 보내는 다혜에게 해줄 수 있는 최대한의 배려라 생각했다. 3개월을 기다린 나도 이렇게 애가 타는데 다혜는 어떨까? 아기를 낳은 뒤, 나는 다혜에게 무슨 말을 해주어야 할까? 혼자 이 생각 저 생각을 하며 시간을 보내다, 더 이상 뜯을 손톱이 남아나지 않을 때쯤 단말마의 짧은 비명이 분만실에서 들렸다. 놀라 고개를 들어 분만실의 닫힌 문을 쳐다보았다. 곧 아기의 우렁찬 울음소리가 복도에 들리기 시작했다. 다혜가 아침 7시에 저 문 너머로 들어갔으니 꼬박 16시간, 저녁 11시가 조금 넘어서야 아기가 나온 것이다. 어안이 벙벙해졌다. 드디어 태어났구나.

당장이라도 문을 박차고 들어가 다혜와 아기를 보고 싶었다. 엄마 뱃속에서 너무 많은 것을 같이 봐왔던 것일까, 자신의 태어남이 엄마의 포기하지 않는 사랑 때문인 걸 알았던 것일까? 아기는 마치 세상이 떠나갈 듯 울었다. 차갑게 식어버린 세상을 엄마의 사랑으로 녹이는 그 긴 시간을 아기도 아는 것일까? 아기는 자신의 울음으로 살아있음을 나타냈다. 복도에 아기의 울음소리가 울리고, 좀 더 시간이 흐른 후 간호사가 나왔다.

"대표님, 분만실 정리 다 되었으니까 들어가 보세요."

말이 떨어지기 무섭게 일어나 간호사를 따라 분만실 안으로 들어갔다. 다혜와 아기는 서로 끌어안고 울고 있다. 힘에 부친 듯 얼굴은 수척해졌지만, 얼마나 울었는지 눈, 코, 입은 퉁퉁 부어 있다. 다혜는 눈물을 채 닦지 못하고 나에게 머리를 숙였다.

"대표님, 고맙습니다…."

뭐가 그리 고마운 걸까? 고생한 다혜에게 힘이 되고 싶었다.

"수고했어. 축하해. 드디어 태어났구나."

위로의 말과 축하의 말을 잔뜩 준비했는데, 차마 말을 잇지 못하고 고개를 떨구었다. 다혜를 부둥켜안고 한참 눈물을 쏟고 나서야 아기가 눈에 들어왔다.

간호사가 큰 이름표에 '김다혜 님 아기'라고 적어 아기의 속싸개 위에 붙여주었다. 아기는 쭈글쭈글해도 신비로웠다. 10개월을 뱃속에 품었다가 해산의 고통을 통해 태어난 아기는 생명 그 자체였다.

"다시 제대로 살고 싶어요"

태어난 지 몇 시간도 안 되어 눈도 못 뜬 아기는 연신 힘차게 울어대기만 하지만, 반면 그 아기를 보는 모든 이들의 얼굴에는 미소가 서서히 퍼지기 시작한다. 아무런 힘이 없고, 심지어 아직 이름도 없는 이 아기 한 명으로 인해 모두가 웃을 수 있다는 것이, 분명 쭈글쭈글 못생겼는데 많은 이들이 예쁘다며 환호를 하는 모습이, 차마 손대지 못할 정도로 약한 아기 한 명이 이곳에 모인 어른 여럿의 눈물을 흘리게 할 수 있다는 것이 신기했다.

어기적거리며 일어난 다혜를 데리고 분만실을 나와 병실로 들어갔다. 다혜를 자리에 눕힌 뒤 우리는 복도에서 케이크를 꺼내 초를 꽂았다. 축하해주고 싶었다. 이 아기의 시작만큼은 미혼모의 아기라고, 윤리적 문제라고, '저런 애'의 아기라고 손가락질과 편견 어린 시선을 받게 하기보다, 여느 아기와 똑같이 축복 가운데 생을 시작할 수 있도록 함께 해주고 싶었다.

초에 불을 켜자 다혜는 또 울었다. 출산하고서 부쩍 자주 우는 다혜였지만, 그런 다혜의 우는 모습이 또래 아이의 모습과 닮았기에, 그 모습이 좋아 딱히 말리지도 않았다. 빛이 있으면 어둠이 물러간다고 하였던가? 어둠만 가득하였던 다혜의 인생에 여러 작은 빛들이 모여 손을 맞대니, 처음 보았을 때의 다혜의 어둠은 이제 조금 물러가고 푸른 새벽녘 정도는 되지 않았을까? 언제 끝날지 모르는 다혜의 어둠 속에서, 그리고 우리가 만나는 어린 엄마들의 칠흑 같은 어둠 속에서 우리가 잠시 빛나는 별이 될 수 있다면, 시간이 지나 다혜에게도, 그리고 어린 엄마들에게도 밝은 날이 선물로 오지 않을까?

신나게 울던 다혜는 내 손을 잡고 말했다.

"대표님, 제대로 살고 싶어요. 많이 늦은 것 같지만, 다시 제대로 살고 싶어요."

옆에 우리가 있어서일까? 엄마가 되어서일까? 출산의 고통을 겪으며 어떤 생각을 하게 된 것이었을까? 다혜는 힘을 내어 나에게 이야기한 것이다. 그런 다혜에게 말해주었다.

"중퇴니까 검정고시를 볼 수 있도록 도와줄게. 아기 보면서 공부할 수 있어. 다른 엄마들도 했거든."

제대로 살고 싶다는 다혜에게 내가 해낸 생각이 고작 검정고시였다. 그마저도 이야기하고 나서야 '검정고시를 보아야 제대로 사는 것인가?'라는 생각에 이내 입을 꾹 다물어 버렸다. 한참 말을 못 하다 솔직하게 이야기했다.

"어떻게 사는 게 제대로 사는 건지 나도 잘 모르겠다. 대신 같이 찾아보자, 제대로 사는 방법. 거기까지는 내가 도와줄 수 있어."

별것 아닌 말에도 다혜는 울었다. 울면서도 수십 번 고개를 숙이며 감사하다는 말을 하는 것을 보니, 결국 다혜도 내가 만난 여느 엄마들처럼 사람이, 사랑이 고팠나 보다.

　건강하게 태어난 아기와 아이처럼 우는, 처음 엄마가 된 다혜를 보았다. 이런 사람을 보면 볼수록 계속해서 이런 사람을 만나고 싶다는 생각이 든다. 1년, 2년, 10년, 우리는 언제까지 이런 사람을 이렇게 만나며 도우며 살 수 있을까? 허락된다면 계속해서 위기의 아이들에게, 복지는 멀고 차별은 가깝다고 느끼는 이들에게, 그리고 사람이 고픈 아이들에게, 그들의 허기를 달래주는, 나는 하늘의 양식이고 싶다. 그것을 꿈꾸며 작은 초에 불을 붙여, 작은 소원을 하늘로 올려보낸다.

　이들, '저런 애들'에게도 다시 봄이 올까? 모르겠다. 하지만 우리는 서로의 입김을 불어 얼어붙은 손을 녹이며, 다시 봄을 기다린다.

3

얼어붙은 세상에 봄바람을 불러주세요

2017년의 겨울은 유난히 추웠다. 영하 20도의 추위라니, 뉴스 속에서나 보았던 온도의 숫자는 갑작스런 한파와 함께 내가 사는 세상을 얼려버렸다. 인터넷에는 한파에 대한 기사가 쏟아져 나왔고, 그런 기사들 사이에서 우연히 이런 기사를 하나 읽게 되었다.

'기초생활수급자 돈까스 먹지 마.'

기사 내용은 이랬다. 어느 날 한 주민센터로 항의 전화가 왔다고 한다. 전화를 건 사람의 항의는 어처구니가 없었다. 자기 동네에 있는 아이가 기초생활수급자라서 식권인지 얼마간의 현금인지를 받으며 지내는 모양인데, 그 아이가 주변 가게에서 밥을 먹는 모습을 보게 되었다고. 그런데 그 가게가 흔히 아는 유명 식당의 체인점이었단다. 일반 분식집보다는 비싼 편인, 전문 일식당에 가까운 질 좋은 돈까스를 파는 곳이었다. 그런데 그곳에서 아이가 밥을 먹는 게 불쾌하다며 주민센터로 전화를 했더라는 것이다. 전화를 건 사람은 이렇게 말했다.

"아이들이 기초수급을 받는 것은 좋다. 그런데 굳이 그렇게 좋은 집에서 먹어야 할 일이냐? 기분 좋게 점심 먹으러 갔다가 기분 잡쳤다. 제 누나와 둘이 와서 하나를 나눠 먹는 것도 아니었고, 온전히 한 메뉴씩 시켜서 먹고 있더라. 식권이 얼마씩 나가기에 내 세금으로 낸 돈이 그냥 분식집에서 먹어도 똑같이 배부를 일을, 굳이 좋은 곳에서 기분 내며 먹는 행위에 들어가야 하느냐?"

후일담이지만, 추후 알아보니 해당 음식점의 접주 분이, 식권으로는 가격이 모자라지만 아이들이 예뻐서 종종 전화를 하시거나, 지나가면 불러 세워 이렇게 말했다고 한다.

"얘들아, 오늘 저녁 안 먹을래?"

그렇게 해서 공짜로 아이들의 밥을 먹이는 일이 부지기수였다는 것이다. 그게 손님이 '기분 나빠' 할 일인지는 몰랐다며 접주 분이 무척 놀라워했다고 한다.

기사 밑에는 댓글이 줄줄 달렸다. 신고를 한 그 사람을 욕하는 사람부터 복지 자체에 대한 문제를 이야기하는 사람, 그리고 조롱하는 듯한 글까지 여러 댓글이 달렸다. 불편해진 마음에 차마 다 읽지도 못하고, 핸드폰을 주머니에 쑤셔 넣어버렸다. 유난히 추운 겨울, 바람까지 불어 패딩의 지퍼를 목 끝까지 올려 몸을 싸맸지만, 시린 바람이 가슴 안쪽까지 들어오는 듯했다. 하늘에 흩날리는 눈발들이 미워 보였다. 분명 이 도시에 사는 사람들은 마음까지 꽁꽁 얼어버린 것이다. 그렇게 생각하며 길 한 구석에 쌓인 눈덩이를 발로 뻥 차버렸다. 흩어진 눈발을 짓밟고 나니 조금 마음이 풀리는 것 같았다.

어린 엄마의 '생각'이 바뀌는 순간

최근, 어느 해 초겨울이었다. 딩동, 핸드폰이 울렸다. 팀원들과 함께 어린 엄마들과 귤을 까먹으며 놀고 있던 차에 온 전화였다. 시시콜콜 농담 따먹기나 하며 귤을 먹던 손들을 멈추고 일제히 내 핸드폰을 바라보았다. 모르는 번호다. 이상하게도 이런 전화는 같이 있던 사람들 모두 비슷한 느낌을 받는다. 그럴 때 사람들은 자연스럽게 나를 쳐다본다. 유독 겨울에는 상황이 급박하고 힘든 아이들이 많아서인지, 울리는 전화도 괜히 예사스럽지 않다.

"네. 위드맘입니다."

당연하다는 듯, 나는 모르는 번호로 전화를 받을 때면 내

개인 핸드폰임에도 불구하고 위드맘이라고 말한다.

"안녕하세요. 저기, 제가 미혼모인데, 도움을 받을 수 있나요?"

아니나 다를까, 세상을 얼려 버릴 듯한 추위 속에서, 출산한 지 며칠도 채 안 되었다는 어린 엄마의 전화였다. 떨리는 목소리, 아마 전화를 하기까지 엄청난 고민과 혼자만의 싸움의 시간을 거쳤을 것이다.

"입양을 보내고 싶은데 방법을 몰라서…"

인터넷만 검색해도 입양 관련 정보들과 단체들이 있을 터인데, 굳이 위드맘에 전화까지 해서 물어보는 이유는 무엇일까? 여러 번 이런 전화를 받아봐서일까? 내 머리는 두 가지 상황을 예감했다.

첫째, 입양을 보내고 싶고, 인터넷에 나와 있는 정보들도 이미 검색하였지만, 좀 더 확실한 정보를 얻고 싶어서다. 하지만 결정을 앞두고 전화를 했을 경우에 우리가 할 수 있는 일은 없다. 그저 관련 단체들의 번호를 알려주거나 상담센터를 연결해주어야 한다.

둘째, 아기를 키우고 싶으나 지금 상황이 막막하여 어떻게 해야 될지 모를 때다. 고민에 휩싸인 엄마들은 아기를 키우고 싶으나 놓인 처지에 어쩔 수 없이 입양을 생각한다. 그러다 마지막으로 누군가 한번은 입양을 보내려는 자신의 마음을 말려주지 않으려나 하는 마음으로 전화를 건다. 더 많은 경우도 있지만, 주로 나에게 오는 전화는 대부분 이런 두 경우이다.

"아기는 지금 어디에 있나요?"

아기가 궁금하였다.

"병원에요. 엊그제 출산했어요. 내일이면 퇴원해야 하는데, 갈 곳은 없고….."

말해준 날짜를 계산해보니 태어난 지 3일 정도 된 신생아였다. 퇴원한다는 것도 귀에 걸렸다. 아이를 낳고 3일 만에 병원을 나오는 경우는 경험상 병원비가 없어서일 가능성이 크다. 그리고 가장 마음이 쓰이는 것은 이미 아기가 태어났다는 사실이다. 엄마는 태어난 피붙이를 본인 품에 끌어안았을 것이다. 그럼에도 입양을 고민한다는 것은 우리에게 꽤 심각한 문제로 다가왔다.

우리가 만나는 많은 어린 엄마들은 대개 출산과 양육을 포기한다. 좀 더 정확히는 임신 후 임신중절이나 입양을 고민하게 된다. 쏟아지는 고민 속에서 어린 엄마들은 보통 뱃속의 아기에게 집중하기보다 주변의 환경과 상황에 더 집중하게 된다. 슬프게도 아기의 출산에 대한 생각보다 임신중절과 입양에 훨씬 더 많은 시간을 쏟게 되는 것이다. 보지도 못한 생명에 대한 생각보다, 익히 보아왔던 미혼모에 대한 인식과, 사회가 그들을 어떻게 대하는지에 대해 더 깊이 생각하게 되는 것이다. 그런 시간 속에서 엄마들의 생각이 뒤바뀔 수 있는 경우는 임신 중에 크게 두 번 찾아온다.

첫 번째는 처음으로 초음파검사를 진행할 때다. 뱃속에 있는 것이 생명이라는 것을 두 눈으로 보고, 자신의 생각보다 더 크게 쿵쾅대는 태아의 심장 소리를 들으면 자기 뱃속에 있는 것이 더 이상 단순한 임신이라는 사실보다 생명으로 실재가 된다. 많은 어린 엄마들이 이때 생명을 인지하고 출산을 선택하는 경우가 많다.

두 번째는 출산 직후다. 꼬박 10개월의 임신 기간을 보내고 긴 해산의 고통 후 차마 눈도 못 뜬 핏덩이를 자신의 품에 안았을 때, 어린 엄마들은 다시 아이의 양육을 결심한다. 그래서 우리도 출산과 양육을 고민하는 어린 엄마가 찾아왔을 경우 되도록 초음파검사를 받을 수 있도록 도와주고, 어떤 방법으로든 아이를 낳을 수 있도록 지원해준다. 그 후에는 보통 대다수가 걱정 없이 양육 의사를 계속해서 밝히므로, 이때가 우리에게는 가장 중요하다. 그래서 전화 온 아기 엄마가 걱정이었다. 초음파검사도 하였고, 전화 내내 아기의 희미한 울음소리가 들리는데도 입양 이야기를 하는 것을 보니 마음이 점차 무거워졌다.

"일단 만납시다. 급하니 내일 당장 오시면 좋겠어요."

당장 내일이면 갈 곳도 없다 하니 마음이 급해졌다. 이동하기 힘들 듯하여 택시라도 타라고 돈을 조금 보내주었다.

'아기랑 따뜻하게 오세요.'

짧은 메시지도 보냈다. 그리고 답을 기다리며 계속해서 메시지를 보냈다. 어린 엄마와 연락의 끈을 놓으면 안 되기 때문이다. 어떻게 지내고 있는지, 어떻게 지내왔는지, 밥은 먹었는지, 뭘 좋아하는지, 그런 무의미한 이야기라도 이어서 연락의 끈을 놓지 않아야 어린 엄마도 우리의 끈을 놓지 않을 것 같았다.

입양을 고민한 이유는

본인을 수경이라 소개한 22살의 아이는 임신 전에 모델 일을 하였다고 한다. 여느 아이들처럼 연애를 하였고, 우리가 만나는 여느 엄마들처럼 예상치 못한 임신을 하였다. 모델 일을 하던 수경이에게 임신으로 인해 부른 배는 일을 할 수 없는 환경이 되었다. 필요한 돈은 많은데 일은 할 수 없고, 출산을 준비해야 하는데 방법은 없고, 처음 놓인 막막한 상황이 어린 수경이의 마음을 무겁게 만들었다.

수경이는 부른 배를 부여잡고 택배회사를 찾았다. 당장

먹고 살아야 할 돈이 필요하니 상하차 아르바이트라도 해야 했다. 분명 임산부가 하기에는 무리가 많이 가는 일이지만, 뱃속의 아기를 위해서는 일을 해야만 했다.

출산일은 다가오는데 보통의 임산부와 다르게 수경이는 더 말라만 갔다. 비쩍 마른 몸을 가지고 10개월의 지옥 같은 시간을 보낸 뒤, 수경이는 태어난 아기를 물끄러미 바라보았다. 그때는 아이를 키울 것인지에 대한 확고한 결정을 내리지 못했다고 한다. 한참을 아이만 바라보다, 울다, 또 바라보다, 그러다 우리에게 연락하게 된 것이다. 아마 지푸라기라도 잡고 싶은 생각이었을 것이다.

수경이가 우리에게 찾아오기로 한 날, '모델'이라는 생소한 직업, 그리고 텔레비전 속에서만 봐온 모델을 생각해서였는지 우리는 조금 기대(?)했던 것 같다. 스스로가 모델이었다고 밝힐 정도였으니 나도 내심 궁금했다.

점심 즈음 사무실 문을 열고 한 여자아이가 들어왔다. 그런데 들어온 아이의 행색을 보자마자 기대감이 무너지는 소리가 여기저기서 들려오기 시작했다. 낡은 옷에 슬리퍼, 머리는 며칠을 못 감았는지 산발을 하고서는 속싸개 하나를 둘둘 말아 옆구리에 끼고, 고개는 푹 숙인 채 허우대만 멀쩡한 아이였다. 출산한 지 얼마 되지 않아 수면바지를 입고 왔는데, 그마저도 하혈을 하였는지 곳곳에 핏자국이 보였다. 그리고 엄마에게서도 아기에게서도 상황을 말해주듯 알 수 없는 냄새까지 났다. 모델이라기보다 걸인에 가까운 모습이었다. 겉으로 보이는 심각한 상황에 놀란 마음을 진정시키며 물어보았다.

"몸은 좀 어때요?"

산후조리도 하지 못했을 것이고, 깡마른 몸에 더 마른 아기를 안고 있는 모습이 불안해 보였다. 3일 된 신생아를 얇은 속싸개 하나로 감싸 밖으로 나온 모습도 마음을 아프게 했다. 대답을 하지 못하는 수경이의 손을 잡아끌어 얼른 집을 구해주었다.

그래도 출산은 축하받아야 한다

내가 만나는 아기 엄마들은 대개 산후조리를 하지 못하였다. 터무니없이 비싼 금액이 대부분의 이유를 차지하지만, 우리는 형편이 가능할 때마다 산후조리만큼은 시켜주려고 노력하였다.

아기를 낳은 엄마의 몸이 임신 전의 상태로 되돌아가는 데는 6주 정도가 걸린다. 이 시기를 '산욕기'라고 부르고 보통 산후조리 기간으로 정하는데, 매우 약해진 몸이 완전히 임신 전으로 복귀하는 데는 6-8주가 걸리며, 생리적 상태까지 완전히 복귀하는 데는 대략 100일 정도가 소요된다. 청소년 미혼모는 당연히 십대고, 대부분의 미혼모는 나이가 많아봤자 이십대 초중반의 어린 여성이다. 출산으로 인해 몸이 쇠하는 것은 어쩔 수 없더라도, 갖은 노력이라도 함께 하는 사람이 있다는 것을 알려주고픈 것이 우리의 마음이었다.

부동산을 들들 볶으니 집은 금방 해결되었다. 이럴 때를 대비하여 모아놓은 돈으로 얼른 보증금을 치르고 입주를 준비하였다. 그러나 산후조리원은 아무리 사정을 말하여도 구하기가 쉽지 않았다. 갑자기 구하려다 보니 이미 만실이어서 집에서 몸을 뉘는 수밖에 없었다.

다행히 집으로 찾아오는 홈케어가 가능한 조리원과 조리사들이 계시다는 소식을 들어서, 입주를 서두르는 것이 수경이에게도 아기에게도 좋을 것 같았다. 사실 입양에 대한 것이 궁금해 찾아왔지만, 우리가 보기에 충분히 위급한 상황이었기 때문이다. 이 한파에 당장 하루라도 잘 곳이 없다가는 더 큰 일이 벌어질 것이라는 생각에, 우리는 분주한 마음으로 움직였다. 여자 봉사자들은 이불이며 여성용품이며 이것저것을 사다 날랐다. 어느 정도 집을 정리하고 이사가 완료되었다는 전화를 받고 집으로 급히 뛰어가 보았다. 텅텅 비어 있는 집, 작은 방 한켠에 이제 갓 스무 살 티가 나는 깡마른 수경이가 누워 있었다. 보일러를 튼다고 틀었는데 어디선가 지독한 냉기가 흘러나왔다. 찾아오는 손님도 없을 테니 이 지독한 냉기의 원인은 사람에게서 얻을 수 있는 온기(溫氣)의 부재였다.

집 한켠 어디에도 흔한 음료수도 한 꾸러미 없는 것이 영 마음이 좋지 않았다. 근처 빵집으로 헐레벌떡 뛰어가 음료수와 케이크를 샀다. 그래도 출산은 축하받아야 한다. 그 마음을 되뇌었다. 건네받은 케이크를 물끄러미 바라보는 어린 엄마에게 말했다.

"저는 출산 후에 항상 케이크를 선물로 드려요. 어찌 되었든 출산이라는 게 사실 축하받아야 하는 일이거든요."

물어보았다. 왜 아기를 입양 보내려 했는지. 한참을 주저하던 수경이가 입을 열었다.

"저는 부모도 없고 친구도 없습니다. 저도 어리고, 도와줄 사람도 없어요….."

말끝을 흐리는 수경이는 이내 눈물을 흘렸다. 점점 울음소리가 커져가더니, 아이처럼 엉엉 소리를 내며 울었다. 수경이의 깡마른 몸이 서러움에 떨기 시작했다.

"잘 키울 자신이 없어요."

뱃속에서 아이가 자라는 동안에는 잘 키울 수 있을 거라 자신했건만, 출산과 함께 찾아온 차가운 현실은 어린 엄마가 꿈꿔온 현실을 뭉개버렸다. 배 아파 낳은 자기 자식이고 사랑스럽다는데, 아기의 얼굴을 보기 두려운 것이 과연 어린 엄마의 문제일까? 떠는 엄마의 몸을 토닥이며 말했다.

"원래 그래. 길을 아는 것과 걷는 것이 다르듯, 아기를 키우는 것도 마찬가지 아닐까?"

다독여주고 싶었다. 그리고 아이처럼 우는 수경이의 모습을 보니 단순히 생각하고 싶었다. 주위에 사람이 없어 도움의 손길은 없고, 키울 자신이 없어 양육을 포기했다면, 그냥 내가 그 손을 잡아주면 그뿐 아닌가? 그냥 내가 같이 그 길을 걸어주면 그뿐 아닐까? 그런 마음으로 수경이에게 말했다.

"아기에게는 엄마가 있어야 해. 네가 키워. 내가 도와줄게."

한참 내 손을 잡고 울던 어린 엄마는 고개를 세차게 끄덕였다. 그리고 나지막이 "네"라고 답했다.

나는 집안 가득 내려앉은 지독한 추위를 녹일 온기가 되고 싶었다. 아니, 어쩌면 수경이가 살아가는 얼어붙은 세상의 온기가 되고 싶었다. 어찌 되었든 '네'라고 답하였으니, '나는 이 손 안 놓아야지' 하는 마음뿐이었다.

미혼모의 염색은 사치인가?

시간이 지나고 수경이는 몸도 마음도 많이 회복되어갔다. 간간이 우리가 운영 중인 해아리대안학교에 수업을 들으러 오거나, 자립에 관심을 보이며 꾸준히 일자리를 찾았다. 올 때마다 꼭 아기와 함께 찾아와 웃는 모습을 우리에게 보여주고 실없는 농담을 할 정도가 되니, 어느 정도 따뜻함이 찾아와 두 모녀에게 내려앉은 추위를 녹이는 것 같았다.

겨울이 가고 다시 봄이 왔다. 그리고 시간이 흘러 다시 겨울, 그리고 성탄절, 우리는 이때 1년 중 가장 큰 행사를 진행한다. 보통 매해 연말마다 후원해주신 후원자들과 관계자들과 미혼모 친구들을 불러서 제법 큰 공연장을 빌려 콘서트를 열곤 했다. 그러나 그해에는 조금 다르게 콘서트 대신 해아리대안학교에서 세례식을 진행하였다. 매주 예배를 드리다 보니 아기들이 유아세례를 받았으면 한다는 요청이 있어서였다.

목사님을 모시고 세례식을 시작하였다. 수경이도 아기와 함께 나와 세례를 받을 준비를 하고 있다. 세례준비를 하는 수경이의 모습이 우연히 눈에 들어왔다. 1년 전 우리를 찾아왔던 모습과는 많이 달라져 있었다. 허름한 옷 대신 하얀 셔츠, 수면바지 대신 청바지를 입고, 노랗게 머리를 염색한 수경이는 비로소 그 나이 또래의 청년 같았다. 아기를 안고 환하게 웃는 수경이의 모습은 이질적이게도 이제야 제법 모델 같았다.

즐거운 시간이 지나고, 여느 때와 같이 행사를 마치고 봉사자들과 남아 피드백 시간을 가졌다. 단연 이 시간의 주인공은 수경이었다. 사람들은 수경이가 너무 예뻐졌다고 이야기꽃을 피웠다. 그러나 달라진 수경이의 모습을 본 몇몇 봉사자들은 다른 의견을 내놓았다.

"이제 수경이는 그만 도와줘도 될 것 같은데요?"

놀라서 되물었다.

"왜?"

"오늘 염색한 걸 보니 머리끝까지 했고, 그거 미용실에서 하면 최소 10만 원은 해요. 1년 전보다 훨씬 살만한 것 같고…. 우리 단체가 여유가 많은 것도 아니고, 자기한테 그 정도 투자할 정도면 이제 괜찮아진 것 아닐까요? 염색은 사치잖아요? 자립과도 거리가 멀고…."

화가 났다. 무엇보다 그런 말을 꺼내는 본인의 머리가 예쁜 갈색으로 물든 것이 더 화가 났다. 맞는 말인 것 같기도 하면서도 기분이 나쁜 것이 영 탐탁지 않았다. 우리가 어린 엄마들을 바라보는 시선들이 주로 그렇다. 가난한 사람, 도움이 필요한 사람, 사회적 약자들은 염색도 사치로 여겨야 하는가? 기초생활수급자는 돈까스를 사먹으면 안 되는가? 미혼모들은 미용실에서 염색하면 안 되고, 염색약을 사서 집에서는 해도 되는가? 배배 꼬인 나는 흘려들을 수 없었다.

"내 생각은 적어도 그렇지 않다. 적어도 우리가 이 자리를 지키고 있고, 적어도 우리가 엄마들의 고정 지출을 줄여주었고, 그렇게 해서 지출을 아낀 어린 엄마들은 그 돈을 당연히 아기들에게 썼다. 그리고 그렇게 상황이 더 괜찮아지자 본인에게 조금씩 돈을 쓰기 시작했다. 그게 잘못한 거고, 그게 사치냐?"

나는 수경이 또래의 스무 살, 스물 한 살 여자 청년들을 알고 있다. 적어도 그 또래의 여자아이들은 자기 머리에 10만 원, 20만 원 쓰는 것 아까워하지 않는다. 한창 자기를 꾸밀 나이다. 당연한 것이 아닌가. 신상 신발이 나올 때마다 사서 신는 아이들도 있다고 한다. 그런데 아기를 낳았다고, 미혼모라고, 자기 머리에 돈 10만 원 쓰는 것을 사치로 여겨야 한다면, 그것은 어린 엄마들의 잘못이 아니라 우리의 잘못이다. 그런 시선을 만든 사회의 잘못이고, 배려 없고 관심 없는 기성세대의 잘못이다.

돈 번다고 다 행복하나요?

내가 만나는 어린 엄마들은 우리와 함께 지내며 마음의 병을 회복할수록 점점 철부지 응석받이가 되어간다. 본인 앞에 놓였던 위기 상황과 환경이 걷히고 나서 두 발로 똑바로 설 수 있을 때가 되니, 비로소 엄마라는 이름 뒤에 있던 청소년의 모습이 드러나기 시작하는 것이다. 그러면서도 그들은 미혼모이기 이전에 한 가정의 엄마다. 엄마이기 이전에 여성이고, 여성이기 이전에 또한 여전히 사랑받아야 할 청소년 시기의 아이들이다. 생각이 거기까지 가니 해야 할 일이 보였다. 봉사자들에게 설명하려고 이야기를 다시 꺼냈다.

"우리는 앞으로 아기 엄마들의 '또래 존엄성'을 찾아주는 단체가 되자."

사실, 오랜 시간 미혼모들을 만나며 우리의 목표는 오로지 '자립'이었다. 그래서 찍어내듯 자립을 시켰다. 다른 건 관심도 없고, 식은 죽 먹듯 그 많은 이들의 먹고 사는 문제를 해결한 것은 나의 자랑이었다. 중학교 중퇴든 고등학교 중퇴든, 집이 있든 없든, 아기가 하나든 둘이든, 미혼모가 직장에 들어가게 하거나, 협력하는 단체들에게 일자리를 부탁하여 먹고 사는 문제를 해결하게 하고, 혹은 기초생활수급을 타게 할 정도의 수익을 엄마들에게 만들어내고, 결국 하나

둘씩 척척 자립의 반열에 들어섰으니, 나는 꽤 잘하고 있다고 생각했다. 그런데 얼마 전 한 아기 엄마가 나에게 말했다.

"힘들어요."

자립에 성공했는데, 심지어 돈은 나보다 더 많이 버는데, 힘들다는 이야기에 기가 찼다.

"야, 너 처음 왔을 때 어땠는지 벌써 까먹었어? 아기 키우면서 그 정도 돈 벌기가 쉬운 줄 아니? 약한 소리 마."

어린 엄마가 말했다.

"돈 번다고 행복한가요? 행복하지 않은걸요."

무심히 말하는 엄마의 말이 귓가를 맴돌았다. 행복, 아기 엄마들을 만나며 잊고 지낸 단어가 아침 해 떠오르듯 머리 위에 머물렀다. 곧바로 나에게 스스로 질문했다.

'나는 행복한가?'

긴 시간이 지나지 않아 곧 답이 나왔다.

'나는 행복하다. 그러면 아기 엄마들과 내가 다른 이유는 뭘까?'

의외로 답이 쉽다. 적어도 나는 자립을 위해 일하지 않고, 자립을 위해 돈을 벌지 않는다. 적어도 나는 원하는 일을 하고, 나름 꿈을 좇으며 꿈을 꾸며 살고 있다. 그러기에 돈 좀 못 벌고 인정 좀 덜 받아도 스스로 행복하다고 생각하며 살고 있다. 그러나 아기 엄마들은 달랐다. 본인이 원하는 일이

나 자신들의 꿈을 좇아 산 것이 아니라, 자립을 위해 일을 하고 돈을 위해 살아가니 행복도가 다를 수밖에 없다. 그런데 우리가 같은 틀로 찍어낸 붕어빵마냥 미혼모 아이들의 삶을 찍어냈으니 힘이 들 수밖에 없다는 생각이 들었다. 하긴, 당연히 누려야 할 것들을 사치라 여기며 사는 아이들인데.

나는 어린 엄마의 말에 고장 난 내 마음의 키를 고쳐 잡았다. 수경이도 마찬가지였다. 나는 봉사자들에게 다시 힘주어 말했다.

"앞으로는 아기 엄마들의 '또래 존엄성'을 찾아주는 단체가 되고 싶습니다."

"조금 멀리 돌아가더라도 행복하게 돌아갑시다. 행복한 항해, 그런 거 좋잖아요."

자립보다 중요한 존엄성을 위해

이제는 자립보다 행복에 초점을 맞추고 싶다. 엄마들에게 당장 물어보았다. 가장 하고 싶은 일이 뭐냐고. 어린 엄마들은 비슷한 답을 한다.

"교복 입고 싶어요."

"수학여행 가고 싶어요."

중학교 중퇴, 고등학교 중퇴의 학력에 제대로 공동체를 경험해보지 못한 채 아기와 함께 사회라는 세상에 내몰린 아이들은 누구보다 공동체를 그리워한다.

자립에 관련된 수업만 가득한 해아리대안학교의 커리큘럼이 눈에 들어왔다. 어리석었다. 자립도 중요하지만, 사람이 먼저여야 했다. 아니, 사람이 먼저이고 싶어졌다.

해아리대안학교의 수업시간표를 이리저리 고쳐 여름 활동 계획을 세웠다. 여름에는 특강이니 명사 초청이니, 자립에 성공한 사람들과 직업교육 전문 강사들을 불러 특별한 시간을 가지곤 했다. 그러나 그것들을 잠시 쉬기로 결정하고, 놀이공원으로 수학여행을 떠날 계획을 세웠다. 내 손을 잡은 아이들 목에 자유이용권이 걸려 있을 생각에 배시시 웃음이 나왔다.

엄마들을 불러 수업 수요 조사를 실시해 보았다. 재밌게도 뜨개질 수업, 부모교육, 운동과 같은 예상치 못한 요구가 나왔다. 우리는 지금 이런 수업이 가능한 선생님들을 초빙하는 중이다. 자립과는 조금 거리가 멀어졌지만, 그동안 해왔던 직업교육 수업이 반토막났지만, 정녕 어린 엄마들이 원하는 것들을 진행하고, 또래의 아이들과 다르지 않은 보편적 행복 추구를 위해 머리를 싸매는 것이 행복해지기 시작한다. 이런 우리에게 누군가는 말하겠지.

"아직 배가 덜 고파봐서 그래. 먹고 사는 문제가 제일 중요해."

아니다. 어떻게 먹고 어떻게 사는지가 제일 중요하다. 그래야 엄마들의 항해에 어떤 풍파가 와도 '씨익' 다시 웃을 수 있을 것이다. 어쩌면 현장에 있는 우리가, 혹은 이웃의 누군가가, 친구들이, 어느 공동체가 이들을 향해 맹목적으로 자립을 강조하는 시선만 보내기보다, 그저 한 사람 한 사람의 인간 존엄성을 생각할 때, 그때부터 아이들의 얼어붙은 세상 위로 한줄기 봄바람이 불어오지 않을까.

4

구원의 방주에 들어가게 감싸주세요

부산에서 일하던 어느 날, 사무실 한켠 소파에 앉아 커피를 마시고 있었다. 지하실이라 습한 기운이 올라와 곳곳에 곰팡이가 피었고, 가끔 구석에선 귀뚜라미인지 바퀴벌레인지 모를 벌레들이 출몰하는 사무실이지만, 눅눅하고 습한 공간이지만, 어린 엄마들이 쉴 수 있는 공간을 만들었다는 이유만으로 나에겐 남부럽지 않게 아름다운 공간이었다. 지금 생각해보면 아기들과 엄마들이 찾아오고 쉴 수 있는 공간을 만든다면서 어떻게 그런 환경을 만들 수 있었는지, 그때는 생각 없고 열정만 가득했던 20대라 가능했던 것 같다.

사무실 한켠에는 봉사자들과 후원자들이 전달한 과자들이 쌓여 있었다. 아기들이 먹기 좋으라고 과자를 부드럽게 만드니 부스러기는 그만큼 더 많이 생기지만 상관없었다. 내가 더 열심히 쓸고 닦으면 되니까. 다른 한켠엔 중고거래

사이트에서 공짜로 받아온 아기침대 하나와 작은 의자 하나, 그런 곳에 아기 엄마가 앉아 있었다. 아들 연재와 도란도란 이야기를 나누는 정은이였다. 세상에 나온 지 이제 막 100일인 연재와 열아홉 살의 엄마 정은이, 두 모자는 무엇이 그리 좋은지 서로 얼굴을 바라보며 연신 웃고 있었다.

부산의 유흥가 주변, 낡고 습한 지하실 한켠의 사무실에서 천사 같은 아기와 어린 엄마는 어울리지 않는 조합이었지만, 세상은 시리도록 차갑고 위험하니까, 그들에게 그곳은 작은 방주가 되어주고 있었고, 그들의 미소가 사무실에 가득찰 때, 그곳은 지상에 내려앉은 하늘나라와 같았다. 안산으로 오기 전, 부산 사무실의 풍경이었다.

'뱃속의 아기 하나 때문에?'

정은이는 18살에 임신을 하였다. 정은이의 임신 소식을 들은 남자는 단번에 연락을 끊고 사라져버렸다. 밤을 새며 자신을 사랑한다고 속삭이던 남자였지만, 한순간에 태도가 바뀐 것이다. 자신이 사랑받는 여자라 생각했던 정은이가 버려졌다는 사실을 똑바로 인지하기까지 꽤 오랜 시간이 걸렸다고 한다. 세상 가장 가까운 줄로만 알고 있었던 사람이 자신의 곁을 떠나자 정은이는 급속도로 우울해졌다. 밥도 먹지 않고 침대 밖으로 나오지도 않았다. 우울해진 정은이는 모든 것에 무력해졌고 무관심해졌다. 뱃속에는 여전히 생명이 꿈틀대고 있었으나 중요하지 않았다. 정은이에게는 오직 자신이 버려졌다는 사실이 중요했다.

몇 날 며칠을 방안에 틀어박혀서 할 수 있는 게 눈물 흘리는 것뿐이더라는 정은이는 이 모든 게 자기 뱃속의 아기 때문이라고 생각하게 되었다. 어린 나이, 준비되지 않은 임신, 남자친구와 갑작스런 이별, 그리고 찾아온 우울증. 정은이의 생각에 한계가 왔고, 그런 생각 중에 선택할 수 있는 선택지는 몇 가지가 없었다.

'지우자. 이 모든 게 너 때문이야. 아직 얼굴도 못 본 이 아이 때문에 내 인생을 망칠 순 없어.'

결심을 한 정은이는 다음날 근처의 산부인과를 찾아갔다. 어린 나이에 산부인과에 간다는 것이 두려워서일까? 모자를 깊숙이 눌러 쓰고 혹 누가 볼까봐 쫓기듯 병원으로 뛰어들어갔다.

"어떻게 오셨나요?"

밝게 웃으며 말하는 간호사와 상반되게 정은이의 낯빛은 어두웠다.

"저…."

한참을 뜸을 들이다 입을 떼었다. 처음 가보는 산부인과, 다짜고짜 '아기를 지워주세요'라는 말은 차마 못 했다. 어리지만 낙태가 불법인 것은 정은이도 알고 있었다.

"진료를 좀 받으려고…."

간호사는 차트를 내밀며 말했다.

"몇 주나 되셨죠? 언제 진료받아 보셨어요?"

한 번도 받아 본 적이 없었다. 생리가 끊어진 지 석 달이 지나서야 임신 사실을 알았으니까. 주 단위로 자신의 임신상태를 체크하지도 않았고, 뱃속의 아기를 지우기로 결정하였으니 간호사가 하는 말은 전부 정은이에게 낯선 단어였다. 단지 낙태 이야기를 하기 두려워 진료를 받으러 왔다고 말한 것이 정은이와 뱃속 생명에게는 첫 번째 진료가 되었다.

임신 4개월이라고 적었다가, 이내 두 줄을 긋고는 21주째, 첫 번째 방문이라고 적은 정은이는 곧 진료를 받으러 진료실로 들어갔다. 낯선 환경과 두려움 때문에 떨고 있는 정은이에게 의사 선생님이 말씀하셨다.

"첫 진료치고는 조금 늦게 오셨네요? 오늘 여러 가지 검사들을 다 할 거예요."

친절하게 웃으며 대하는 의사 선생님께 '낙태'라는 단어를 또 꺼내지 못했다.

"네…."

정은이는 '그래, 이왕 이렇게 된 거 진료라도 한번 받아보자'는 마음이 들었다. 피를 뽑고 소변검사를 진행하였다. 조금의 시간이 흐른 뒤, 정은이는 다시 의사 선생님 앞에 앉았다. 생각에 없던 첫 진료이지만, 무엇인가를 검사한다고 생각하니 마음이 또 불안해지기 시작했다.

어린 산모의 마음을 꼬집는 것

정은이는 차라리 '뱃속의 아기가 장애가 있으면 좋겠다'고 생각했다. 그 핑계라면 낙태를 하여도 무겁고 불안한 마음을 조금 덜 수 있을 것 같았기 때문이다. 아니, 그렇게라도 생각해야 이러지도 저러지도 못한 마음이 갈피를 조금 잡을 수 있을 것 같았기 때문이다.

"전체적으로 큰 이상은 없네요. 21주가 아니라 23주 되셨어요. 초음파검사 해봅시다."

이상하게도 마음이 울컥했다. 큰 이상이 없다는 것이 슬픈 것인지 기쁜 것인지 잘 구분이 되지 않았다. 진료 의자에 누워 초음파검사를 시작했다. 약간의 소음과 기계음이 들리더니 검은 모니터 화면에 조금씩 희뿌연 형상이 보이기 시작했다. 정은이는 멍하니 화면을 바라보다 말했다.

"이거, 지금 화면에 나오는 게 제 뱃속인가요?"

떨리는 정은이의 목소리에 의사 선생님은 계속 웃으며 말했다.

"그럼요. 자 봅시다, 자 이건 다리…. 다리 두 개 정상."

의사 선생님의 설명을 들으니 희뿌연 형체에서 다리가 보이기 시작했다. 다리가 있다.

"자, 이건 손, 두 손으로 눈을 가리고 있네요. 하나, 둘, 셋…. 손도 정상."

새까만 모니터 화면 속 희뿌연 형체에서 손이 보이고 얼굴의 형태가 보였다. 쭈글쭈글한 것이 얼굴이라고 하기엔 이상했지만, 분명 코도 있고 입도 있었다. 작디작은 손으로 두 눈을 가린 모습은 정은이가 교과서에서나 보던 초음파 사진 속 아기의 형태였다

"몸통은 2주 정도 작네요."

초음파 기계가 조금 아래로 내려간다 싶더니 아기의 몸을 비추었다. 2주 정도 몸이 덜 자랐다는 말에 정은이는 덜컥 겁이 났다. 자신이 진료를 늦게 받아서 그런 건 아닐까? 밥을 제대로 먹지 않아서 그런 건 아닐까? 아직 끊지 못한 담배도 걱정되었다.

"2주 정도 작은데…. 이상은 없어요. 정상."

정상이라는 말에 정은이는 마음이 놓였다. 하지만 정상

이라는 말이 들린 그 순간 코끝에 쥐가 나기 시작했다. 왜인지는 모르겠지만 서러운 마음이 가슴 깊숙한 곳에서 올라왔다. 붉어진 눈시울을 가리고 싶었지만, 모니터 화면 속 희뿌연 아기를 계속 보고 싶어, 가까스로 흐르는 눈물을 참았다.

"이번엔 심장 소리를 한번 들어볼까요?"

초음파 기계가 정은이의 배를 미끄러져 옮겨 다녔다. 이내 곧 심장을 찾은 듯 한자리에 멈추었다. 작지만 밝은 점 하나가 까만 화면 속에서 사라졌다가 나타나길 반복하였다. 빠르게 깜빡이는 것을 한참 지켜본 정은이가 거의 울 것처럼 울먹이며 입을 떼었다.

"저…. 반짝반짝 하는 게 심장…인가요?"

울먹울먹 말하는 정은이에게 의사 선생님이 다시 밝은 미소를 보였다.

"네, 심장입니다. 아주 세차게 뛰네요. 너무 건강해요."

그 작은 것이 어찌 그렇게 세차게 뛰는지, 콩닥콩닥, 작디작은 심장은 자신을 포기하려는 엄마 정은이에게 마치 절규라도 하려는 듯 뛰고 있었다. 모니터 화면을 보며 입을 다물지 못하던 정은이에게 이내 죄책감이 밀려들었다. 어디서 온 건지 모르는 그 죄책감은 곧 어린 산모의 마음을 세게 꼬집었고, 마음이 아파 아이처럼 소리 내어 한참을 울게 했다. 그렇게 울어버린 어린 정은이는 비로소 그때 한 아기의 예비 엄마가 되었다.

병원문을 나서 집으로 돌아가는 길, 어느새 해가 지기 시작하였지만, 정은이는 병원에 갈 때와는 다르게 택시를 타지 않았다. 집까지 꽤 먼 거리이지만, 떨어지는 해를 뒤로 하고 조용히 길을 따라 걸었다. 눈물과 콧물로 범벅이 된 얼굴을 휴지로 닦으며 정은이는 혼자 이렇게 읊조렸다고 한다.

"낳아야 한다…. 낳아야 한다…."

아무 생각도 들지 않았다. 누가 머릿속에 대고 이야기를 하듯, 드는 생각은 오직 아기를 낳아야 한다는 것뿐이었다. 산부인과 진료를 받은 그 짧은 시간에 정은이의 마음은 바뀌었다. 아기를 지우려던 돌 같던 마음이 조금씩 금이 가고 깨어지더니, 곧 새로운 생명을 받아들일 준비를 하고 있었다.

정은이는 계속 걸었다. 얼마나 더 걸어야 집에 도착할지 모르지만, 얼마나 더 험한 길이 이들 앞을 막아서고 있는지 모르지만, 걸어가기로 작정한 이상 정은이는 힘들어도 걷기로 다짐했다.

"계단에서 굴러 죽어버려!"

정은이에게는 가장 소중한 사람들이 몇 있었다. 첫 번째는 연락을 끊어버린 남자친구로, 지금은 정은이가 '개새끼'라고 부르는 사람이다. 두 번째는 친했던 친구로, 이리저리 돈을 빌려 출산비를 마련한 정은이의 돈을 빌려달라고 가져가더니 사라져버린 동네 친구다. 이 친구도 정은이는 '개새끼'라 부르고 있다. 세 번째는 혼자 정은이를 키운 아버지다. 정은이는 아버지만큼은 아직도 생각만 하면 눈물이 난다고 한다. 엄마의 기억이 없는 정은이에게 아빠는 엄마이자 가족이고 세상의 전부였다.

오랜 고민 끝에 정은이는 아버지에게 임신 사실을 알리기로 결심하였다. 공사장에서 막노동을 하시던 아버지가 퇴근하시기를 기다린 정은이는 아버지가 돌아와 식탁에 앉자 힘겹게 입을 열었다.

"아빠…. 할 말이 있어요…."

아버지가 무서워 눈을 질끈 감은 정은이는 아버지께 사실대로 다 이야기하였다. 임신을 하게 된 것도, 그동안 학교에 가지 않은 것도, 남자친구가 연락이 안 되는 것도, 병원에 다녀온 것까지, 모든 것을 다 아버지께 이실직고하였다. 아버지는 정은이의 말에 놀란 기색이었지만, 아무 말도 하지 않으셨다. 조용히 밖으로 나가신 아버지는 한참 뒤 술에 잔뜩 취해 집으로 돌아오셨다. 돌아온 아버지는 정은이를 한번 힐끔 쳐다보고는 깊은 한숨과 함께 방문을 닫고 또 술을 드셨다. 그렇게 며칠 아버지는 일을 나가지 않고 하루 종일 술만 마시며 아무 말도 하지 않으셨다. 정은이는 차라리 소리치고 화를 내셨으면, 뺨이라도 한 대 때리셨으면 마음이라도 편했을 텐데, 그런 아버지를 보며 혼자 숨죽여 울었다.

그런 날이 며칠 지나, 진료를 위해 정은이는 한번 더 산부인과를 다녀왔다. 현관 문을 열고 들어가자 아버지가 보였다. 정은이는 조심스럽게 인사를 하였다.

"다녀왔습니다."

아버지는 정은이의 인사가 끝나기 무섭게 말하셨다.

"어디 갔다 왔냐?"

몇 병이나 드신 것일까? 평소보다 진한 술 냄새가 집안 가득 진동하였다.

"병원에요…. 진료받고 왔어요….”

정은이의 말이 채 끝나기도 전에 아버지는 소리를 지르셨다.

"네가 뭘 잘했다고 병원을 가? 당장 지워!"

그동안 참아왔던 화가 폭발한 것일까? 아버지는 식탁을 뒤엎으셨다. 술에 잔뜩 취해 비틀거리며 일어난 아버지가 떨고 있는 정은이에게 다가왔다. '짝' 소리가 나며 정은이의 얼굴 한쪽이 돌아갔다. 이어 아버지가 또 소리를 지르셨다.

"네년이 뭘 잘했다고? 네년이 뭘 잘했다고!"

말이 끝날 때마다 짝 소리가 들리며 정은이의 고개는 좌우로 돌아갔다. 고개를 숙인 채 울고 있는 정은이의 뺨과 머리를 아버지는 사정없이 후려쳤다. 정은이는 욕지거리도 상관없고 몇 대를 맞아도 상관없었다. 아버지의 말대로 자기는 잘한 것이 없다고 생각했다. 그렇게 맞는 것 외에는 할 수 있는 일이 없다고 생각하였다.

　뺨을 때리던 아버지는 화가 덜 풀렸는지, 이번에는 정은이의 배를 주먹으로 때렸다. 정은이는 주저앉았다. 순간, 자기는 아무리 맞더라도 뱃속의 아기는 지켜야 한다는 생각이 들었다. 무릎을 쭈그린 채 두 손으로 배를 감싸 쥔 정은이는 그렇게 엎드려 아버지의 주먹질을 버텨냈다. 때리다 지쳤는지 아버지도 자리에 주저앉으셨다. 옆에 놓인 소주를 또 한 병 까더니 잔도 없이 벌컥벌컥 마시기 시작하셨다. 그리고 이내 또 소리를 지르셨다.

　"죽어버려. 확 계단에서 굴러서 애도 죽고 너도 죽어버려! 나가! 내 눈앞에서 사라져!"

　아버지의 일갈을 들은 정은이는 그 길로 집을 나오게 되었다. 여벌의 옷도, 이불 하나도 없이 길에 나와 주머니를 뒤져 보았다. 만 원짜리 몇 장과 천 원짜리 몇 장이 있었다. 세어보니 6만 몇천 원, 정은이가 가진 돈의 전부였다.

엄마를 살린 '툭툭이'

여기저기 높이 솟아오른 아파트와 건물들은 많은데, 정은이를 위한 공간은 하나도 없었다. 당장 잘 곳이 없는 정은이는 여기저기를 배회하다 골목 어귀에 보이는 모텔촌으로 향하였다. 낡디낡은 모텔들 중에서 가장 싼 곳을 찾아 들어간 정은이는 침대 위에 쓰러졌다. 아무것도 생각하기 싫었다. 그냥 모든 것이 꿈이었다면, 그냥 하루 자고 일어난다면 모든 게 없던 일이 되면 좋겠다고 생각했다. 이런저런 생각이 머리를 콕콕 쑤셨다. 모텔에 들어오기 전에 본, 낡은 전봇대에 붙어 있던 전단지가 생각났다.

'숙식 제공.'

'함께 일할 아가씨 구함.'

어떤 일인지 뻔히 알겠지만, 지금 당장 돈이 없고, 말 그대로 숙식이 불가능하니 그곳에 전화를 해볼까 고민이 되었다. 한참을 고민해도 이건 아닌 것 같아 핸드폰을 집어던져 버리고서야, 마음 한켠에 이렇게까지 된 자신에 대해 분노가 치밀었다. 이내 그 분노는 슬픔으로, 슬픔은 또 우울함으로 변해 정은이의 가슴을 짓눌렀다.

복잡한 생각이 가득 차버린 머리가 아파 정은이는 몸을 일으켜 앉았다. 손을 펼쳐 자신의 상황을 헤아려보았다. 하나,

세상에서 자신을 가장 사랑한다는 남자친구를 잃었다. 둘, 믿었던 아버지에게 버려졌다. 셋, 학교를 그만두게 되었다. 넷, 당장 가진 돈도 없다.

손가락을 수차례 쥐었다 폈다. 임신이라는 이유만으로, 단지 아기를 선택했다는 이유로 잃은 것이 너무 많다고 생각했다. 가슴속 깊숙한 곳에서 허무함을 넘어선 공허함이 올라왔다. 이내 복잡했던 머리가 정리가 되듯, 이 한 문장만 머릿속을 맴돌았다.

'다 끝내고 싶다.'

손가락 아래 하얗고 가느다란 손목이 보였다. 낡고 낡은 모텔, 더러운 침대, 붉은 조명 아래에서 정은이는 손을 쥐었다 폈다 해보았다.

'손목을 칼로 그으면 죽게 될까? 죽게 된다면, 지금보다 덜 아플까? 죽으면 진짜 모든 것이 끝나게 되는 것일까? 죽으면 남자친구와 아버지는 울어줄까? 그 사람들이 미안한 마음은 가지게 될까?'

죽음이라는 간단한(?) 생각에 이것저것 안 좋은 생각만 더해가니, 다시 머리가 미쳐버린 듯 아파 오기 시작했다. 복잡한 생각은 나아지는 것이 없고, 이 상황을 끝내고만 싶다는 생각이 머리에서 마음으로 이어져 실행으로 옮기자는 마음을 먹었을 때, 바로 그때 정은이에게 누군가 다가왔다.

'툭–.'

정은이는 정신이 번쩍 들었다. 아무도 없는 모텔에 인기척이 들렸던 것이다.

'툭–, 툭–.'

멍하니 손목을 바라보던 정은이의 시선이 조금 아래로 향했다. 인기척은 거기서 나고 있었다. 거기서 다시 느낌이 왔다.

'툭–.'

아랫배 조금 왼쪽에서 느껴지는 물방울 터지는 듯한 느낌이었다. 그 작은 아기가 엄마 뱃속에서 발길질을 한 것이었다. 비 쏟아지듯 눈물이 흘렀다. 더 이상 흘릴 눈물이 없을 것이라 생각했는데, 또 눈물이 났다.

'툭–, 툭–, 툭–.'

남자도 떠났고, 아버지와 친구마저 떠나 혼자가 된 정은이에게 남은 단 하나, 자신의 서러움을 다 안다는 듯, 말라버린 정은이의 마음을 향해 뱃속의 생명은 있는 힘껏 자신의 존재를 알리고 있었다. 마치 엄마와 나를 함께 포기하지 말라는 듯, 나는 아직 살아있으니 함께 살아보자며 툭, 툭, 정은이의 마음을 건드리고 있었다.

흐르는 눈물을 닦은 정은이는 아랫배를 쓸어내리며 나지막이 말했다.

"미안해⋯. 미안해⋯."

한참을 미안하다며 눈물을 흘리던 정은이는, 이내 자신에게 가장 어색한 단어를 꺼내 보았다.

"엄마⋯. 엄마가 미안해."

다 잃었다 생각한 것이, 잠시 삶을 포기하려 했던 것이, 뱃속 아기에게 미안했다.

미안한 마음이 미안함으로 끝나지 않았으면 해서, 정은이는 자신이 할 수 있는 것을 생각해보았다. 머리가 짓눌리듯 아팠지만, 정은이는 생각의 끈을 놓지 않으려 했다. 자신에게 하나 남은 아기의 얼굴이 보고 싶어졌다. 살아온 날보다 살아가야 할 날들이 더 험하게 느껴졌지만, 괜찮다고 생각했다. '현실'이라는 무게감이 어린 엄마를 짓눌렀지만, 정은이의 등을 떠받치는 '엄마'라는 무게감이 더 크기에, 다가오는 현실을 애써 외면하고 다시 살아갈 준비를 시작했다.

자연 분만을 고집한 까닭

내가 정은이를 만난 것은 태명이 '룩룩'이라 불리는 아기가 38주쯤 되었을 때였다. 정은이는 밝았다. 처음 찾아온 그날에도, 아기를 출산하는 순간에도, 아기를 키우며 살아가는 동안에도 정은이는 끊임없이 밝았다. 사실은 정은이가 살아왔던 어두움이 정은이 인생의 뒷배경이 되어 있었다. 그래서 겉으론 밝아 보이는 것 같아도 보는 이로 하여금 항상 짠한 마음을 불러일으켰다.

정은이는 인터넷 사이트와 맘카페의 글을 읽고 무작정 나를 찾아왔다고 했다. 조그마한 초음파 사진 한 장을 슥 내민 정은이는 사진 속 점 하나를 가리키며, 이것이 '아기'라고 말하곤 배시시 웃어 보였다.

내가 만났던 미혼모 아이들 대다수는 첫 만남이 어두웠다. 고개를 팍 숙인 채 눈을 마주치지 못하거나, 말을 제대로 하지도 못하고 대부분 눈물로 대화를 하는 아이들이었는데, 그런 면에서 정은이는 조금 달랐다. 깔깔거리며 웃기도 하고, 툴툴거리며 우리 스태프에게 장난을 치는 모습은 만삭의 미혼모라기보다 또래 아이와 흡사하였다. 그런 정은과 함께하는 시간은 우리에게도 기분 좋았고, 우리는 별 망설임 없이 출산을 준비할 수 있었다.

보통 자연분만을 하게 되면 입원 기간은 3일 정도이다. 보통 3일의 입원 기간을 끝내면 산후조리원에 들어가게 된다. 제왕절개 수술을 하게 된다면 입원 기간은 5일, 그 후 산후조리를 하거나 기간을 연장하여 입원하게 된다. 이것이 보통 가정의 이야기이다. 그러나 내가 만나는 아이 엄마들은 입원 기간 3일만 채우고 나오는 경우가 허다하다. 이유는 병원비가 많이 나오기 때문. 그런 아이 엄마들에게 산후조리는 사치일 뿐이다. 정은이도 마찬가지였다. 제왕절개 수술을 하지 않고 아이를 낳아 빨리 병원을 나오고 싶다며, 끙끙거리며 힘 주는 연습을 하는 정은이의 모습을 바라보는 것만으로 마음이 짠해졌다.

"병원비 많이 나오잖아요. 내 돈도 아니고."

우리가 출산비를 지원해주기로 한 것이 어린 정은이에게 부담이 되었는지, 정은이의 목표는 최대한 빠른 퇴원, 최단 기간의 입원이었다. 일반적인 임산부들과 다른 모습이었다. 정은이는 최대한으로 우리를 배려하고 있었다. '아니다, 괜찮다'라고 말하고 싶었지만, 사실 내주어야 할 출산비도 부담이 되어 '아니다, 괜찮다'라고 말하지 못했다. 그게 마음이 아프고 미안했지만 정은이에게는 미안한 티를 내는 것도 해서는 안 될 일이기에, 밝게 웃는 정은이에게 다시 억지로 밝게 웃어주는 것 말고는 해줄 수 있는 게 없었다.

그래도 출산일이 다가오니 작은 선물이라도 주고파 동네 유아용품 가게를 뒤져 배냇저고리와 손싸개와 발싸개를 준비했다. 원래는 친구들이나 가족들이 배냇저고리와 아기들 선물을 해준다고 하던데, 정은이에게 친구는 지금 우리밖에 없으니까, 가족이라 부를 수 있는 사람도 지금은 우리밖에 없으니까 우리가 준비해주고 싶었다. 아니, 우리가 준비해야만 했다.

출산 당일 병원에서 유도분만을 준비하는데, 정은이는 유도분만이 잘 되지 않았다. 체질적으로 그런 것인지, 몇 번의 유도분만을 실패하다 의사 선생님은 정은이에게 제왕절개 수술을 생각해보자고 말하셨다. 나는 이 일을 하며 출산 과정을 많이 지켜보았다. 어린 엄마들은 출산 전 진통과 출산 시의 고통 때문에 제발 마취를 해달라며 소리를 지르거나, 제왕절개 수술을 해달라며 아이처럼 우는 경우도 많다. 그러나 정은이는 조금 달랐다. 제왕절개 이야기를 듣자마자 낯빛이 변하더니, 의사 선생님의 손목을 잡고는 제발 자연분만을 하게 해달라고 싹싹 빌었다. 의사 선생님도 이런 경우는 처음이라며 당황해 하셨다. 나중에 안 이야기이지만, 정은이는 의사 선생님에게 우리 이야기를 했다고 한다.

"제가 미혼모이거든요. 밖에 있는 선생님들이 제 출산비 마련한다고 자기 용돈 모으고, 대표님은 노가다까지 하면서 병원비 준비해주셨어요. 돈 더 나오면 저분들 더 힘들어져요. 제가 잘 해볼 테니 제발 자연분만하게 해주세요."

정은이는 간절하게 부탁했다고 한다. 의사 선생님은 그런 정은이의 간절함에 한번 더 자연분만을 시도하셨고, 마지막 시도에서 정은이는 출산에 성공했다.

당시 나는 서울에서 대학원 수업을 듣고 있었다. 월, 화, 수요일에는 학교에서 수업을 들으며, 동시에 경기도 안산에 원룸 하나를 얻어 수도권 지역의 미혼모들을 만나고 있었다. 목, 금, 토, 일요일에는 부산으로 내려와 부산의 미혼모 친구들을 돕고 있었다.

　화요일 수업이 끝남과 동시에 정은이의 출산 소식이 들려왔다. 보호자가 없는 정은이가 마음에 걸려 남은 수업을 모두 땡땡이치고 부산으로 달렸다.

　부산으로 가는 길에, 태어난 아기에 대한 설렘보다 이상하게 정은이가 걱정이었다. 항상 밝았던 정은이가 출산 중에도 밝았을까? 그러지는 않았을 것 같았기에 온통 정은이 걱정뿐이었다. 나는 아기를 낳아보지는 않았지만 그렇게 아프고 힘들다는데, 그 밝음이 고통에 일그러지지는 않았을까. 누군가 옆에 있어주어야 한다는 생각만 맴돌아 부산으로 가는 2시간 30분의 KTX가 느리게만 느껴졌다.

미역 30인분을 불리다

정은이와 동행했던 봉사자들에게서 전화가 왔다. 정은이는 고된 출산에 지쳐 잠이 들었고, 잠든 것을 확인한 봉사자들은 모두 해산했다는 이야기였다. 오늘만큼은 정은이가 푹잘 수 있도록 집으로 돌아가고 내일 병원으로 와달라고 이야기했다. 당장 달려가 정은이의 얼굴을 보아야 마음이 놓일 것 같았지만 어쩔 수 없었다.

대신 내가 지금 할 수 있는 것이 뭘까 생각해보다, 다른 미혼모들의 출산 때 얼핏 들은 이야기가 생각났다. 출산 후에 관절이 너무 시렸다는 것과 병원 미역국이 너무 심심해 맛이 없었다는 이야기였다. 그것을 준비할 하루가 주어졌다는 생각에 약국부터 들렀다. 관절이 시리다는 이야기만 들었지, 어떤 관절이 어떻게 시린지를 모르니 관절보호대를 관절 수대로 샀다. 하나보다는 여러 개 있으면 좋을 테니까.

그리고 왜인지 모르겠지만 미역국만큼은 직접 끓여주고 싶다는 생각이 들어, 미역국 레시피를 핸드폰으로 검색하여 이것저것 장을 봐 집으로 갔다. 라면 하나도 내가 끓여본 적이 없는데, 어울리지도 않는 앞치마를 두르고 부엌에 선 내 모습이 낯설어 허허 웃다가, 직접 끓인 미역국을 들고 가면 힘들어 구겨진 정은이의 얼굴이 다시 밝아질 상상에 즐겁게 미역국을 끓이기 시작했다.

먼저 미역을 불려야 했다. 어떻게 불리는 것일까? 알 수가 없었다. 그래도 엄마가 생일에 미역국 끓여주던 모습이 기억이 나 큰 그릇에 사온 미역을 몽땅 넣었다. 남은 한 톨이 아까워 탈탈 털어 미역을 넣고는 물을 넣어 보았다. 이대로 30분은 기다려야 한다고 적혀 있었다.

물에 잠긴 미역들을 가만히 보다 보니 번쩍이는 생각이 들었다. 차가운 물보다 뜨거운 물에 불리면 더 잘 불어날 것 같다는 생각이었다. 목욕탕에 가서도 때를 불리려면 차가운 탕이 아니라 뜨거운 탕에 들어가야 몸이 퉁퉁 불어나니까. 냅다 찬물을 부어버리고 뜨거운 물을 준비하여 미역을 다시 불리기 시작했다.

뜨거운 물에 미역을 재워두고 나니 소고기를 사 오지 않은 것이 생각나 슈퍼로 뛰어갔다. 소고기 사는 것은 쉬웠다. "미역국에 넣을 소고기 주세요"라고 말하니 주인아저씨가 알아서 고기를 잘라주셨다. 자른 고기를 봉투에 넣고 기분이 좋아져 봉투를 빙빙 돌리고 콧노래를 흥얼거리며 부엌으로 들어서는데, 부엌이 난장판이 되어 있었다. 미역이 살아있었던 것일까? 물을 머금은 미역은 발을 뻗어 그릇을 벗어나 있었고, 내 예상과는 다르게 너무 많은 미역이 부엌 한가득 퍼져 있었다. 놀라서 미역들을 주워가며 미역의 포장지를 보니 30인분이라고 적혀 있는 것이 그제야 눈에 들어왔다.

어떻게 해야 하는 것일까? 요리는 시작도 안 했는데, 미역국 하나 끓이는 것이 이렇게 힘들 것이라고는 생각도 못했는데…. 한참 넋을 놓고 난장판이 된 부엌에 서 있다가 결국 도움을 요청했다.

"엄마~ 엄마~ 엄마~!"

늦은 저녁 다급하게 부르는 나의 외침을 들은 어머니가 놀라 방문을 여셨다.

"엄마, 미역국 어떻게 끓여요?"

어머니는 갑자기 무슨 미역국이냐며 부엌으로 오시더니, 난장판이 된 부엌과 나를 번갈아 보시고는 내 등짝을 한 대 갈기셨다.

"너 이게 무슨 일이니?"

등짝이 얼얼하니 아팠지만 어쩔 수 없었다. 내가 엄마였다면 이 놈의 등짝을 손이 아닌 미역으로 때리고 싶은 마음이었을 테니.

"아니, 돌보는 애가 아기를 낳아서…."

말꼬리를 흐리면서 불어난 미역이나 줍고 있는데, 어머니가 큰소리로 말하셨다.

"내가 끓일 테니 너 저리 가!"

간만에 등짝을 맞아서인가, 얼굴은 풀이 죽어 시무룩해졌지만, 그래도 미역국만큼은 내가 끓이고 싶었다.

"안돼. 내가 끓여야 해. 맛보다 의미란 말이야…."

그 의미란 게 난장판이 된 부엌과 불려진 30인분의 미역이라 정은이와 엄마에게는 미안했지만, 미역국이라도 내 손으로 끓여주고 싶은 마음이라 엄마에게 간절한 눈빛만 보냈다. 엄마는 한숨을 푹 쉬더니 나에게 이것저것 하라고 지시하기 시작하셨다.

신기했다. 우리집 찬장 언저리에 이미 미역이 있었다는 것도, 뜨거운 물로 미역을 불리면 영양소가 빠져나간다며 내가 불린 미역이 죽은 미역 취급당한 것도, 흔한 레시피 한번 안 보고도 뚝딱 미역국을 끓이는 방법을 알려주는 엄마도, 내가 직접 끓인 것인지 엄마가 끓인 것인지 알지 못할 미역국이 시간이 지날수록 고소하고 맛있는 냄새가 나는 것도 신기하기만 했다. 요리라는 것이 이렇게 재밌는 것인지, 처음 누군가에게 미역국을 끓여준다는 것이 이로록 재밌는 것인지, 부엌 앞에 서 있는 두 모자가 아직 얼굴도 못 본 아기와 엄마, 두 모자를 위해 미역국을 끓이고 있다는 상황도 모두 신기했다. 누군가에게 무엇인가를 고민하며 시간과 노력이 들어간 선물을 준비하는 것이 즐겁다는 것을, 재미있게도 미역국을 끓이며 배웠다.

보글보글 끓고 있는 미역국을 숟가락으로 떠 한 입 먹어보았다.

"엄마, 이거 너무 밍밍한데?"

평소 해주시던 것보다 훨씬 싱거운 맛에 갸우뚱거리며 어머니에게 물었다. 병원에서 먹는 것도 싱거워서 엄마들이 싫어하는데 내가 만든 것도 싱거워서는 안 될 것 같아 소고기 다시다를 손에 쥐고 냄비로 가려는데, 어머니는 조미료를 쥐고 있는 내 모습을 보고는 부리나케 달려와 막으시며 소리를 지르셨다.

"산후에 먹는 거니까 간 하지 마. 그냥 먹여."

'안 되는데 맛있어야 하는데….'

그런 내 마음을 아시는지 어머니가 다시 말씀하셨다.

"미역국은 맛이 아니라 건강이야. 출산했다면 심심하게 먹어야 해."

나를 낳아봐서일까. 어머니는 산모에게 필요한 것을 나보다 더 잘 알고 계신다.

품어달라는 기도 외에는

다음날 큰 보온병에 따뜻한 미역국을 담아 병원으로 갔다. 정은이가 입원해 있는 병실로 가자 배시시 웃으며 나를 반겼다. 정은이는 힘겨운 몸을 일으켜 나를 불렀다.

"대표님, 나, 진짜 힘 많이 줬어요. 병원비 많이 나올까 봐."

이제는 엄마가 된 정은이가 나를 보자마자 한 말이다. 배시시 웃는 정은이는 웃음과는 다르게 돈 걱정이었다. 진통이 찾아올 때도, 출산할 때도, 아기가 태어났을 때도, 정은이는 돈 걱정만 하지 않았을까 하는 마음에 괜히 눈시울이 뜨거워졌다.

"그거 뭐 하나도 안 중요하다. 출산비 천만 원쯤 나오냐? 그런 걱정 말고 아기랑 너 걱정이나 해, 임마. 나 돈 많아."

눈이 빨개진 것을 들키지 않으려 정은이의 얼굴 앞에 보온병을 슥 들이밀었다.

"내가 만든 거야. 조미료도 안 쓰고 하루 종일 끓인 거야. 집에 가서도 계속 먹어."

나를 뚫어지게 쳐다보는 정은이에게 말했다.

"지금 너한테 가족은 나뿐이잖아. 그러니 돈 걱정하지 말고. 그냥 미역국이나 먹자."

숟가락을 가져와 정은이 앞에 내려놓았다. 어느새 정은이도 눈시울이 붉어져 있었다. 안 울려고 했는데, 붉어진 정은이의 눈을 보니 고마움과 미안함이 교차되어 계속 눈물이 났다. 내가 도와주는 건데, 왜 아이들이 출산을 하고 나면 내가 더 눈물이 나고 미안해지는 것일까?

"맛이 아니라 건강이야. 마음으로 먹어."

어머니가 해주신 말을 내 말처럼 했다. 조용한 병실에 미역국을 떠먹는 소리와 훌쩍이는 소리가 울렸다. 흐뭇하게 미역국을 먹는 모습을 바라보다 물어보았다.

"아기는 어디 있어?"

"조금 있다 올 거예요 모자동실(母子同室) 시간이 있어서 그때만 아기가 들어와요. 대표님은 보호자니까 있어도 돼요."

아기 이야기를 꺼내자 정은이는 다시 배시시 웃었다. 훌쩍이다 웃다를 반복하며, 출산이 얼마나 아팠는지, 막 태어난 아기가 너무 쭈글쭈글 못생겨 얼마나 놀랐는지, 한참 수다를 떨며 미역국을 다 먹어갈 즈음, 똑똑똑 노크 소리와 함께 간호사가 아기를 데리고 들어왔다.

하얀 속싸개에 쌓인 아기는 곤히 자고 있었다. 정은이는 아픈 몸을 다시 일으켜 끙끙거리며 아기를 조심스레 안았다. 깨지기 쉬운 물건이라도 된 양, 세상에서 가장 소중한 것이라도 안은 양, 정은이는 아기를 품었다. 한참 아기를 지켜보던 정은이는 고개를 들어 다시 나를 보고는 또 배시시 웃었다.

"예쁘죠?"

불과 몇 달 전에 본 사진 속 까만 점이 생명이 되었다. 엄마 뱃속에서 할 줄 아는 것이라곤 심장만 쿵쾅거리던 것이 제법 사람 모양을 갖추어 정은이의 품속에서 쌕쌕거리며 잠들어 있었다.

"대표님, 한번 안아보세요."

조심스레 아기를 나의 품으로 건네주었다. 태어난 지 하루 된 아기를 안아본 적은 없는데, 어찌할 바를 몰랐지만 아기를 받아 안았다. 손에 힘이라도 주면 아기가 으스러질까 나 역시 낑낑거리며 조심스레 품에 아기를 품었다. 눈, 코, 입 모두 정은이를 닮았다. 혹여 태어나지 못하였으면 어쩔 뻔했을까? 한참 아기를 보는데 아기가 아랫입술을 푸르르 떨었다. 놀라 정은이를 쳐다보니 잠꼬대하는 것이라며 깔깔 웃었다.

한쪽 입술이 실룩 올라가며 아기가 웃었다. 아기가 웃는 것을 보니 나도 기분이 좋아져 깔깔 따라 웃었다. 아직 이름이 없고, 힘도 없어 자기 목조차 가누지 못하는 아기가 입꼬리 한번 실룩이는 것으로 주변 어른들을 웃게 만들고 벅차오르는 행복감을 준다는 것은 생명의 신비다. 그것 말고는 설명할 길이 없다. 생명이 내 품 안에 안겨 있고 나는 생명을 품고 있다.

"기도해주세요."

정은이는 내가 선교사인 것을 알고 있었지만, 기도 부탁을 하거나 하나님이나 성경에 대해 물어본 적은 없었기에, 그리고 본인 스스로 교회 근처에도 안 가보았다고 말했기에, 정은이가 나에게 한 말에 놀라 나는 정은이를 쳐다보았다. 내 시선을 느꼈는지, 정은이는 다시 배시시 웃고는 천천히 고개를 숙이고 두 손을 모았다. 정은이는 두 손을 꽉 쥐었다. 어찌나 힘을 많이 주었던지 손가락이 하얘질 정도였다. 꽉 쥔 정은이의 두 손에서 여러 가지 감정이 느껴졌다. 지금 정은이가 처음으로 참 절박하구나 하는 생각이 들었다. 그런 모습을 보니 나 역시 간절해졌다.

문득 정은이가 아버지에게 맞을 때 배를 감싸 안고 맞았다는 이야기가 생각났다. 이제는 이들을 향한 공격과 질타를 내가 정은이의 가정을 감싸 안고 몸으로 버텨주고 싶었다. 그러나 내가 다 할 수 없기에, 이내 조용히 기도를 시작했다.

"하나님, 아기가 정은이의 뱃속에 있을 때, 아기는 정은이의 살아갈 이유였습니다. 살아가야 할 이유였던 아기가 세상으로 나와 이제 정은이와 가정을 이루게 되었습니다. 이제 이 모자의 살아갈 이유가 하나님 당신이 되어주십시오. 아직 두 모자가 살아가기엔 많이 차가운 세상이지만, 주님이 이 가정을 품어주십시오."

내가 할 수 있는 기도 중 하나님께서 품어달라는 기도 외에 더 좋은 기도가 있을까? 나는 기도로 그분의 품에 안기길 바라며, 하나님께 아기와 정은이를 맡겼다.

정은이는 출산한 지 3일 만에 퇴원하였다. 산후조리라도 하는 게 어떻겠냐고 묻는 나에게 걱정 말라며 불끈 주먹을 쥐고 파이팅 포즈를 취했다. 3일 만에 퇴원하는 것도, 산후조리는 사치라며 손사래를 치는 정은이도, 이기지 못하고 비타민이나 사서 품에 안겨주는 나도, 모든 것이 못마땅했다. 정은이와 품속의 아기만 물끄러미 바라보았다. 신기하게도 신생아는 다 똑같이 생긴 것 같아 피식거리며 못마땅한 마음을 더 깊숙한 곳으로 구겨 넣었다. 당분간의 월세와 아기에게 필요한 것들을 구해준 것만으로도 너무 고맙다고 말한 정은이는 사람 좋은 미소를 남기고 돌아갔다.

방주에 탄 특이한 사람들

아기가 목을 가눌 무렵부터 정은이는 종종 우리 사무실로 아기를 안고 찾아왔다. 아기를 내 품에 맡긴 정은이는 하지 말라고 하는데도 사무실 여기저기를 쓸고 닦았고, 우리와 이런저런 이야기를 하며 종종 시간을 보냈다. 아기가 무엇인가를 잡고 일어서기 시작할 무렵, 우리는 정은이의 직장을 알아봐 주었다. 취직을 한 정은이는 퇴근 후면 꼭 우리를 찾아와 인사를 하고 돌아갔다. 아기가 걷기 시작할 무렵 정은이는 처음으로 월급을 모았다고, 우리에게 밥을 먹자며 고기를 쏘고 돌아갔다. 때로는 아기가 속상하게 한다며 찾아와 한 풀이를 하고, 때로는 벌써 뛴다며 우리가 아기와 한참 달리기 시합을 하게 하고, 몇 주, 몇 개월, 몇 년이 지나면서, 아기와 정은이는 그렇게 우리와 함께 살아가게 되었다. 아니 우리는 그렇게 정은이와 아기의 이웃이 되어 살아가게 되었다. 우리는 아기 엄마와 아기를 품은 것이다.

'품다'라는 말이 참 좋다. 중의적 표현이라, 그 말에는 품에 '감싸안는다'는 의미가 있을 것이고 '보호'의 의미가 있을 것이며, '사랑'의 의미도 있을 것이다.

'품다'라는 말을 생각할 때면 나는 노아의 방주가 떠오른다. 방주는 히브리말로 '테바'라고 한다. '상자'로 번역된 히브리어 '테바'는 방주를 비롯해 구약성경에서 두 번 나오는데, 나머지 한 곳은 출애굽기의 모세의 갈대상자를 말할 때 나온다. 테바는 구원과 연결된다. 홍수 심판 가운데 방주(테바)를 통해 노아의 가족과 동물들을 구하셨듯이(히 11:7), 남자아이들의 죽음 가운데서 갈대 상자(테바)를 통해 아기 모세를 구원하셨듯이, 그리스도 안에 있는 사람들은 구원을 얻게 되기 때문이다(롬 8:1). 그래서 '테바'는 하나님이 인간을 품으신 방법이라 할 수 있겠다.

창세기에 나온 방주는 나에게도 '품다'와 같은 의미로 다가온다. 단순히 하나님의 분노와 처벌의 홍수에 집중하기보다, 방주를 끌어안은 하나님의 절박함에 집중해야 한다. 마치 배를 감싸 안고 매질을 견딘 정은이처럼, 그리고 모세만큼은, 이 아이들만큼은 더 껴안으려 더 낮게 웅크리신 하나님의 사랑을 알아야 한다.

　이것은 노아에 대한 이야기이다.
　그 당시의 사람들 가운데 노아만은 의롭고 흠이 없는 사람이었으며 하나님의 뜻대로 사는 자였다. 그리고 그에게는 셈과 함과 야벳이라는 세 아들도 있었다. 이 당시의 세상 사람들은 하나님이 보시기에 아주 악하고 부패하여 세상은 온통 죄로 가득 차 있었다. 그래서 하나님이 노아에게 말씀하셨다.
　"내가 온 인류를 없애 버리기로 작정하였다. 그들의 죄가 땅에 가득하므로 내가 그들을 땅과 함께 멸망시킬 것이다. 너는 잣나무로 배를 만들어 그 안에 칸막이를 하고 안팎으로 역청을 발라라. 배의 크기는 길이 135미터, 너비 22.5미터, 높이 45센티미터로 하고 지붕 위에서 45센티미터 아래로 사방에 창을 내어라. 그리고 문은 옆으로 내고 3층으로 만들어라. 내가 홍수로 땅을 뒤덮어 살아있는 생명체를 모조리 죽일 것이다. 그러나 내가 너를 안전하게 지킬 것을 약속한다. 너는 네 아들들과 아내와 며느리들을 데리고 그 배로 들어가거라. 그리고 모든 생물을 암수 한 쌍씩 배 안에 넣어 너와 함께 살아남도록 하라. 새와 짐승과 땅에 기어 다니는 모든 것이 종류대로 각각 암수 한 쌍씩 너에게 나아올 것이다. 너는 그 모든 생물을 보존하라. 너는 또 너와 그 모든 생물들이 먹을 양식을 배 안에 충분히 저장하라"

그래서 노아는 하나님이 자기에게 명령하신 대로 다 하였다.

_창세기 6:9-22, 현대인의 성경

나는 방주를 만든다. 사람들은 때론, 지금 시대에 무슨 방주냐며 미쳤다고 수군대지만, 어쩌겠나? 그분이 시키신 일인데.

내가 만든 방주에는 특이한 사람들이 탄다. 임산부 몇 명, 외국인 체류자 몇 명, 미혼모 가정이 몇 명, 또 그들과 함께하는 것이 즐겁다는 사람들 몇 명이다. 사람들을 태운 뒤 조심스레 방주의 문을 닫고, 햇살이 쏟아지는 창문을 활짝 열고서, 두 눈을 감고 얼굴 위로 떨어지는 햇살을 느낀다. 내 옆으로 다가온 아기들이 맑은 눈동자를 빛내며 말한다.

"삼촌, 우리 출발 안 해요?"

아기의 질문에 나는 아기를 번쩍 들어 안고 이야기한다.

"조금 더 탈 때까지 기다려야 해. 그때까지 배는 출발하지 않아.”

맑은 눈동자를 빛내는 아이가 또 물어본다.

“그럼 운전은 누가 해요? 삼촌이 해요?”

아이의 질문에, 나는 이제 슬슬 구름이 밀려드는 하늘을 다시 바라본다. 우리 배는 항해를 위해 만들어지지 않았기에 키도 없고 닻도 없다. 앞으로 나아갈 힘도 없으며 방향도 모르고 목적지 역시 모른다. 다만 안에 타고 있는 사람들이 할 수 있는 것은 이 기분 좋은 흔들림에 몸을 싣고서, 예비하신 대로 가라시면 가고 멈추시라면 멈추는 흘러감을 경험한다. 나와 우리는 품어주시는 하나님의 품에 몸을 싣고 하나님만 의지하는 법을 배워간다.

5

살리는 사명 따라 생명이 살게 하세요

사람들은 매번 이렇게 묻는다.

"선교사님, 미혼모 사역을 하면 힘들지 않으세요?"

자주 받는 질문이다. 사람들이 생각하기로는 사회적 약자, 한부모 가정, 여성, 청소년과 아기까지, 복합적으로 문제가 합친 것이 청소년 미혼모이니, 그 사역 역시 힘들 것이란 생각에 하는 질문이다. 하지만 사실은 아니다. 힘들기야 당연히 힘들지만, 무엇과도 바꿀 수 없는 비밀이 이 활동 안에 있다.

내가 만난 미혼모들은 대부분 출산하기 전의 임산부로서 '생명의 선택'에 대한 고민을 가지고 찾아온 아이들이다. 그러다보니 자연스럽게 우리는 결국 생명의 탄생을 자주 목도했다. 많으면 한 달에 한 명, 혹은 그 이상이다. 태어난 아기들의 울음소리를 직접 들으며 활동하니, 이보다 큰 복이 있을까 하는 생각이 들곤 한다. 그런 의미에서 나는 배부른 사역자다.

신생아를 마주친 성인이 찡그리며 인상 쓰는 법은 없고 자연스레 웃음이 지어지듯, 나도 우리 단체 사람들도 웃는 시간이 더 많았다. 거기에 더해, 처음 초음파로 볼 땐 사진 속의 작은 '점'이던 아기들이 태어나 고개를 가누고, 몸을 뒤집고, 아장아장 걷기 시작하고, 무릎을 쿵 찍었다 다시 뛰어다니고, 배에 힘을 꽉 주며 '엄마'라고 부르는 것을 옆에서 보고 함께 박수 쳐줄 수 있는 것만으로도, 이 일은 분명 하나님께서 나에게 주신 선물 같은 것이다.

아기 엄마들도 마찬가지였다. 힘든 시기에 나를 찾아온 아이들이 대개 그렇듯, 한치 앞도 볼 수 없는 상황에서 내가 그들에게 가르쳐준 것은 복음과 기도였다. 아이들은 자기 자신을 위한 기도를 하기보다 뱃속에 있는 아기를 위해, 그리고 태어난 아기를 위해 기도하는 시간을 많이 가졌다. 이런 모습을 지켜보는 것만으로도 행복이 벅차올라 나는 종종 스스로를 '배가 부른 사역자'라고 이야기하는 것이다.

그런 만큼, 이번에 찾아온 상황은 마음이 더 아팠다. 생명의 탄생과 반대로 죽음을 향해 가고 있는 아기 이야기인 탓이다. 엄마의 바람과 기도의 내용은 아기를 위한 축복이기보다 살려달라는 애원이었다. 우리가 해왔던 일들과 정반대의 상황이 낯설기만 했다.

'그냥 모른 척 할까?'

하루는 미영이에게서 연락이 왔다. 몇 년 전부터 알고 지내던 엄마였다. 다행히 자립의 반열에 오른 듯한 어린 엄마였기에, 우리는 직접적으로 지원하기보다 보조적으로 연락을 취하며 관계를 맺어왔었다. 착하디착한 미영이는 간간이 연락을 하곤 했다.

"대표님, 명절인데 음식을 좀 했어요. 가져다 드려도 될까요? 아기 엄마들과 나눠 드세요."

"대표님, 김장김치를 조금 많이 받았는데, 가져다 드릴게요. 필요한 엄마들에게 나눠주세요."

주로 자신의 것이 풍족하여 나누고 싶다고 연락하는 마음이 예뻐, 한 번 더 안부를 묻게 되는 친구였다. 그 착한 마음처럼 살아가기를 원했건만, 유독 비극은 이런 친구에게 더 많이 일어난다.

밤이 가고 새벽이 올 즈음 온 미영이의 메시지 내용은 이랬다.

"대표님, 늦은 시간에 죄송해요 도움을 좀 받을 수 있을까요? 첫째가 골수이형성증후군이라는 전백혈병(前白血病)을 진단받아서 항암중인데, 골수 이식까지 해야 해서…. 늦은 시간에 죄송해요"

새벽에 오는 연락은 마음이 더 짠해지게 만든다. 이 메시지를 보내기 위해 어린 엄마는 밤을 새며 고민하다 겨우 핸드폰을 들었을 것이다.

나는 바로 전화를 걸었다. 아기가 백혈병에 걸렸다고 한다. 정확히 표현하면 '골수이형성증후군'이라는 희귀한 혈액암을 진단받은 것이다. '전백혈병'이란 '명백한 급성 골수 단핵구성 또는 줄기세포성 백혈병으로 진행하기 전 단계의 상태'라는 의학용어라고 한다. 그 병을 앓아온 아이가 지금 중환자실과 무균실을 오가며 생사의 갈림길에서 투병중이라는 이야기였다. 그리고 아기 엄마로부터 병원비에 대해 들었다. 입원비와 골수검사 등 각종 검사비와 기타 비용으로 병원비만 천만 원이 훌쩍 넘어간다고 했다. 다행히 백혈병재단과 병원의 도움으로 많은 금액을 지원받았지만, 그 외 자기 능력으로 처리할 수 없는 병원비는 어린 엄마의 마음에 쌓여만 갔다. 아마 시간이 지날수록 더 많은 금액이 쌓여 어린 엄마의 마음을 짓누를 것이다. 덩달아 나도 마음이 무거워졌다.

사실 전혀 상관이 없다면 없는 아이였다. 현재는 우리의 직접적인 지원을 받는 대상자도 아니고 명절이나 되어야 연락이 오는 관계인데, 도와달라는 말이 나에게 들리자 숨이 턱 막혔다. 어린 엄마와 투병중인 아기와 병원비는 내 마음까지 순식간에 짓눌러 버렸다. 아팠다. 많이 아팠다. 경험해 보지 못한 낯선 상황이 다가오니 일상을 보내며 실없이 웃는 것조차 아기와 어린 엄마에게 미안한 마음이 들어 스스로 마음에 재를 뒤집어썼다.

그러기를 며칠, 이러지도 저러지도 못하고 있는데, 그 엄마, 미영이에게서 또 연락이 왔다. 아이가 갑자기 출혈이 많아져 무균실로 들어가게 되었다는 것이다. 그리고 아마도 오래 버티지 못할 것 같다는 의사 선생님의 이야기를 들었다고 했다. 어린 엄마는 핸드폰을 붙잡고 한참을 울다 전화를 끊었다.

어린 엄마의 울음을 들어서였을까, 낯선 상황이 낯설기만 해서였을까, 나는 마음이 공허해지고 머리가 텅 비는 것만 같았다. 비어버린 머리와 가슴에서, 스치듯 문득 비겁한 생각이 들어왔다.

'모른 척할까?'

애써 정신을 차리고 고개를 여러 번 가로저었다.

'내가 무슨 생각을 하는 거야?'

스스로 생각해도 말이 안 되는 생각이었지만, 아무리 고개를 저어도 스치듯 들어온 이 비겁한 생각은 스스로 몸집을 불려갔다.

'모른 척 하자. 몇 달만 모른 척 하면 될 것이다. 사실 그렇게 깊은 관계를 가지고 있던 아이 엄마도 아니고, 어차피 살 가망도 없다고 하니 몇 달만 눈 감고 귀 닫고 있으면 되지 않을까? 나는 그렇게 큰돈이 없고, 우리 단체도 그런 병원비로 지출할 여윳돈은 없으니, 그냥 흘려보내는 사건이라 생각하자. 여기저기 돈을 모아볼 수도 있겠지만 호전되는 것도 아니고…. 그 돈이면 더 많은 일도 할 수 있을 텐데….'

한번 찾아온 생각은 꼬리에 꼬리를 물고 스스로 덩치를 불려가더니, 어느새 '합리적인 선택'이라는 생각으로 자리를 잡았다. 빠르게 아이의 상태와 병원비를 계산하니 신기하게 마음도 금세 돌아섰다. 마음이 돌아서니 아이 엄마가 처한 상황을 무시하고 몸을 돌리는 것쯤은 아주 쉬웠다. 나는 아무 일 없다는 듯 일상을 살려고 더 노력하였고, 그 일을 생각하지 않기 위해 의도적으로 일을 더 만들어, 좀 더 바쁘게 지내며 생각을 떨쳐버리면 되었다. '더 힘든 미혼모들 더 돕지 뭐' 하며 스스로 위로하면 되는 것이었다.

'잃은 양 한 마리를 향한 마음보다 남은 99마리를 향한 합리적인 선택이 더 옳은 것이라고 믿으면 된다. 스스로 목자라고 칭하기보다 양치기, 청지기의 삶을 산다고 외쳤으니,

100마리의 맡은 양들 중에서 마이너스 1 정도의 손해를 보고 99마리를 잘 보살펴 살찌우는 것이 진정 주인이 원하는 것이 아닐까? 유통업에서는 항상 로스(loss) 율을 감안하여 관리를 한다는데, 내가 맡은 100마리의 양들 중에서 손실 비율이 마이너스 1 정도면 아주 관리를 잘한 것이 아닐까? 마음을 덮고 지내자. 가끔 생각이 날 때마다 의무적으로 기도해주며 도피하며 살자. 시간이 지나기만 기다리자.'

　이런 생각만 되뇌며, 깊은 한숨을 한번 내뱉고는 뒤척이다 잠자리에 드는 게 익숙해질 무렵, 어느 날은 이런 상황이 스트레스가 되었는지 잠이 들고 나서 곧 꿈을 꾸었다. 나의 꿈에 그 아이가 있었다.

그 아이들에게 내가 유일한 '한 사람'이면

아이는 누군가의 무릎에 앉아 있었다. 천진난만하게 웃는 모습이 내가 보았던 아프기 전 사진 속의 모습과 같았다. 양 손에는 장난감을 쥐고 재롱을 떨며 앉아 있는 아이는, 연신 자신을 안아주는 이의 얼굴을 보며 시시덕거리고 있었다. 그런 아이를 번쩍 들어 장난을 치고 있는 분은 내가 알고 있는 성경 속의 예수님이었다. 정확히 기억은 안 나지만, 나를 만나주셨을 때의 따듯한 모습 그대로였다. 그 모습을 물끄러미 지켜보았다. 아마 아이는 건강이 더 호전되지 못해 예수님 앞에 있는 것 같다. 예수님은 아이를 품에 안고서 한참을 노시더니, 아이와 눈을 마주치고 장난기 가득한 사랑스러운 어투로 물어보셨다. 나는 그분이 입을 떼기를 숨죽여 기다렸다. 그분께서 말씀하셨다.

"어때? 내가 보낸 이효천 선교사는 만나봤어? 걔가 너한테 잘해주더니? 내가 이것저것 많이 가르쳐놓았어. 네 이웃을 네 몸과 같이(마 22:39) 사랑하라고 알려줬는데, 엄청 좋아하더라고. 아마 본인이 매일 설교하는 말처럼, 작은 자 하나에게 한 것이 곧 내게 한 것이라는 말씀(마 25:40)처럼, 나한테 하듯 너한테 했겠지? 걔 또 너 돕는다고 자기 밥 굶어가며 일한 거 아니야? 하하, 걔는 그런 애니까. 어때? 내가 미리 보낸 사람을 만나본 것이?"

아이는 한참을 곰곰이 생각하더니 전혀 모르겠다는 표정을 지으며 말했다.

"아뇨. 이효천 선교사님 잠수 타셨는데요. 돈 때문에…. 저는 얼굴도 본 적 없어요."

'아닌데, 그럴 리가 없는데' 하시며, 곤란한 표정으로 머리를 긁적이시는 예수님이 보였다.

나는 가슴이 철렁 내려앉으며 꿈에서 깼다. 땀을 어찌나 흘렸는지 흠뻑 젖은 잠옷을 뚫으려는 듯 심장이 세차게 뛰었다. 그리고 공황이 온 듯 가슴이 조여왔다. 꿈일 뿐인데, 수면 중에 일어난 뇌의 허상이었다. 그냥 '개꿈이네' 하고 넘어가면 될 일이었으나, 민망한 듯 머리를 긁적이시던 그분의 표정이 너무나 생생하였다. 두려움과 죄송함, 미안한 감정이 나를 휘감고 놓아주지 않았다,

나는 이내 생각을 정리하기 시작했다. 사실 그 아이와 엄마는 나에게 많고 많은 미혼모들과 아이들 중 한 명이지만, 그 아이들에게는 내가 유일한 한 사람이라는 사실이 두려워졌다.

"청소년 미혼모 가정의 경우 청소년 시기의 출산으로 인해 중고등학교를 중퇴하게 된다. 이는 곧 공동체 경험의 부재이며, 공동육아의 책임이 있는 남자의 부재와 원(元)가족과 갈라지는 것으로 이어지며, 아이들이 세상에서 철저히 혼자가 되게 만든다. 출산 후, 이 아이들은 청소년 시기에 청소년이 아닌 한 가정의 가장으로서의 삶을 일반인보다 일찍 시작하게 되며, 아동과 엄마 두 명이 세상 앞에 홀로 서게 된다."

이 이야기를 바꿔 말하면, 내가 세상에서 혼자가 된 아이들에게 다가간 유일한 사람이 될 수 있다는 이야기였고, 그 아이들이 살아가는 외로운 세상에서 어쩌면 내가 마지막 기

독교인이 될 수도 있다는 것이다. 그것이 두려웠다.

　아이들은 나를 통해 기독교인 전부를 볼 수 있다. 나를 통해 기독교를 알고, 또 나를 통해 하나님을 알아갈 수도 있다. 이것은 하나님께서 나에게 주신 거룩한 부담이었다. 그 부담에서 벗어나기 위해 발버둥 치며 '합리적인 생각'을 외쳤던 내가, 머리만 잔뜩 자란 괴물 같아 보여서 눈물만 나왔다.

　'이게 아닌데, 내가 이러려고 이 일을 하는 것이 아닌데.'

　다시 어린 엄마에게 연락을 하였다. 핸드폰을 한참 쥐고 몇 번 이름을 검색했다 지우기를 반복하였다. 아기 엄마는 아무것도 모르고 있겠지만, 다시 연락을 하는 것은 나에게도 용기가 필요했다.

　"좀 어때요?"

　짧은 물음과 다르게 길게 흐느끼는 소리가 답으로 왔다. 더 이상은 지체할 수 없었다. 그 길로 나는 병원으로 달려갔다. 내가 있는 안산에서 그 엄마가 있는 부산까지 조금이라도 빨리 가고 싶어 KTX를 타고, 병원에서 가장 가까운 역에 내려 택시를 또 탔다. 일단 가겠다고 마음을 먹으니 행동은 빨라졌다. 간다고 해서 내가 무엇을 해줄 수 있는 것은 없었지만, 그래도 최선을 다해야 한다는 생각이 마구 들었다. 그 전까지 아무도 나의 회피하려는 행동이나 생각을 알 수 없었다는 비겁한 생각이 나를 마구 휘저어놓았지만, 이제는 내

가 그 아이가 바라보는 하나님 나라의 대표라는 생각이 들었
기 때문이다. 그 생각은 단단하게 나의 마음을 지켜주었고,
가슴 깊은 곳에서 절박함을 끌어올렸다.

하나님이 보내셔서 온 사람

병원에 들어가 엄마를 만났다. 그 사이에 상황이 더 안 좋아
진 아이는 무균실에 들어가 있었다. 아이를 볼 수도 없어서
복도에서 발만 동동 구르는 엄마를 붙잡았다. 얼마나 울었
던지 쓰고 있던 마스크가 흥건히 젖어 있었다. 퉁퉁 부은 눈,
초점마저 흐릿해진 아이 엄마의 손을 잡았다. 다른 말은 할
수 없어 얼른 기도부터 했다. 뭐라고 기도했는지 기억도 안
나지만, 출산을 겪으며 웃어대던 상황과 전혀 반대되는 상
황에서 절박한 호소만 입 밖으로 가득 쏟아냈던 것 같다. 어
린 엄마가 말했다.

"이제 그만 보내주는 게 좋을 것 같아요. 다른 어떤 치료라
도 시도해보고도 싶지만, 의사 선생님도 힘들 것 같다고 하
고…."

흐느끼며 말하는 엄마의 말을 중간에 끊었다. 더 듣기 싫
어서였다.

"아니, 포기하지 맙시다. 그건 의사 이야기고, 엄마 생각은 또 다르잖아요."

우는 엄마를 달래야 하는데, 내 마음도 달래지 못해 울음을 삼키며 말했다.

"끝까지, 엄마로서 도리를 다합시다. 나는 선교사로서 도리를 다할 테니 우리는 포기하지 말아요. 조금 늦었지만, 이제 제가 왔어요."

지갑에, 통장에 돈이라도 1,2억 있었다면 좋으련만, 줄 수 있는 것이 아무것도 없는 나는 그저 내가 왔다고, 포기하지 말자고 말하는 것 말고는 할 일이 없었다. 그래도 알 수 없는 자신감은 늘 그랬듯 그때도 있었다.

"나는 하나님이 보내셔서 온 사람입니다. 같이 싸울게요. 끝까지 포기하지 맙시다."

어린 엄마와 무균실 앞에 쪼그려 앉아 함께 울어주는 것뿐, 못난 나는 내 눈물을 닦기에 바빠 어린 엄마의 어깨를 간간이 토닥여줄 뿐, 할 수 있는 것이 없었다.

하도 울어 탈수가 온 어린 엄마를 입원실로 보내 눕혔다. 혼자 복도에 서서 애꿎은 벽에 머리만 쿵쿵 박았다. 막상 병원에 와 보니 실감 나는 환경과 상황은 다시금 약한 나의 마음을 어지럽혔다. 떨쳐버리고 싶어서 더 쿵쿵 머리만 박아 댔다. 환경과 상황이 막막했다. 의사도 최악을 이야기했다.

앞이 보이지 않았다. 내가 왔다고 해서 달라진 것 또한 없다. 여러 설교 예화나 간증에서 보고 들었듯이, 이런 간절함과 절박함을 가지고 병원에 왔다면 거짓말처럼 무균실 문이 열리면서, 아이가 밝게 웃으며 뛰어나오면 좋으련만, 현실은 차갑기만 하다.

일반 병실의 분위기보다 더 차가워 보이는 무균실의 기계 장치에서 들리는 '삑삑' 소리만 고요한 복도에서 나의 울음소리와 섞여 메아리쳤다. 그런데 머리는 아니라고 말하고 있었다. 마음도 이미 돌아서 있다. 앞이 보이지 않았기 때문이다. 끝없는 어둠이 나를 끌어 삼키는 것 같았다. 도망치고 싶다는 생각은 포기하지 않고 나를 괴롭혔다. 슬프기는 싫고, 아프기는 더더욱 싫었다. 마음이 그랬다. 그래도 나는 나의 발을 억지로 이끌어 이곳에 왔다. 내 의지가 아닌 나의 신앙이 내 몸을 쳐서 나를 보낸 곳으로 겨우 온 것이다. 앞으로 어떤 싸움이 시작될지 모르지만(사실 예상은 되지만), 어떤 결과가 우리 앞에 있을지 모르지만(사실 또 예상은 되지만), '포기하지 말자'고, 병원 복도 언저리에 홀로 선 나는 벽에 머리를 쿵쿵 박으며 다시 다짐했다.

'잊지 말자. 나는 부름 받은 사람이다.'

이 빌어먹게 아픈 상황

그 뒤로도 꽤 오랜 시간을 기도하였던 것 같다. 작은 가시가 목구멍에 걸린 듯, 하루하루 살아내며 실없이 웃을 때도 이상 없던 내 목이 따끔거리고, 온 신경이 아픈 곳에 집중되는 것 같았다. 그 아이의 병원을 다녀와서 아픈 이들과 함께 하겠다고 마음먹은 뒤부터 내 마음이 그랬다. 심장에 가시가 박힌 듯 따끔거리고 내 마음에 경각을 주는 일이 수시로 일어났다.

여느 때처럼 미혼모 친구들이 우리 대안학교에 모여 수다를 떨고 있던 어느 날이었다. 왁자지껄한 분위기에서 한 아기 엄마가 실없이 이런 말을 던지고 말았다.

"아, 진짜 암 걸리겠네."

괜히 그 말에 신경이 곤두서 찌릿 하고 눈빛을 보냈다. 어린 엄마는 금세 눈치를 채더니 짧은 탄식과 함께 변명하듯 말을 바꾸었다.

아픈 아이의 일은 이제 더 이상 남의 일이 아니라 나의 일이 되었다. 대표가 이러니 아마 그 일은 우리 공동체 모두의 일이 된 것 같았다. 우리의 일이 되고 나니, 우리가 드리는 예배 가운데 나누게 되는 기도제목 중 그 아이의 쾌유는 꼭 빠지지 않고 매번 우리의 입술을 읊조리게 만들었다. 그런 우리의 기대와 기도와 반대로 아이는 결국 병원에서 퇴원하였다. 할 수 있는 것은 다 하였기 때문이다. 소장의 출혈이 멈추지 않아 결국 소장을 30센티미터나 잘라냈다. 어른도 견디기 힘들다는 수술을 몇 차례나 하였지만, 항암은 계속 실패하였다.

아무것도 모르는 아이는 기분 좋게 집으로 돌아왔다. 드디어 집으로 돌아왔다며 떠들고 웃는 아이와 달리 어린 엄마는 매일 울었다. 어린 엄마는 병원에서 아이와 약속하였다. 뱃속의 벌레들을 다 잡으면 집으로 돌아가서 짜장면을 먹자고. 아이는 집으로 돌아온 것이 뱃속의 벌레들이 모두 사라졌기 때문인 줄 알고 참 해맑게도 웃었다. 그런 아이와 달리 어린 엄마는 매일 울었다. '짜파게티'를 끓일 때도, "뱃속의 벌레가 다 없어졌지만 집에서는 마스크를 써야 한다"며 아이의 입에 마스크를 씌울 때도, 평소 좋아하던 장난감을 가지고 놀겠다고 해서 얼른 소독제로 닦아줄 때도 어린 엄마는 울었다. 가슴 아픈 엄마와 아무것도 모르는 아이는 '다가올 시간'을 그렇게 놀면서 울면서 기다리고 있었다. 이들을 보고 있는 나는 외로워졌다.

나 혼자 감당하기엔 주어진 짐이 너무 무거웠다. 어깨가 아파와 한숨이 더 늘었다. 그러다가, 나보다 더 외로울 어린 엄마를 생각하니 한숨조차 사치처럼 느껴져 고개가 숙여지곤 했다. 눈물인지 콧물인지도 모를 것이 시시때때로 흘러 마음은 말라비틀어지는 것만 같았다. 목구멍이 아닌 심장에 가시가 걸린 것 같기도 했다. 한 아이의 사건이, 이 빌어먹게 아픈 상황이 가시가 되어 내 삶에 턱 걸려버린 것이다. 밥을 삼켜도, 물을 마셔도 별 도리가 없어, 우리는 이 시간이 그저 지나가기를, 오직 시간만 의지하고 있었다.

결혼반지를 팔아 산 선물

아내와 나는 결혼반지를 팔았다. 답답한 마음에 뭐라도 하고 싶었는데, 그런 나를 이해한 아내는 결혼반지를 팔자고 했다. 돈이 없어 반지를 판다기보다 우리 것을 내어주고 싶은 마음이 더 컸다. 누구는 단돈 천원을 내어놓아도 자신의 전부를 준 것처럼 느껴진다던데, 어이없게도 나는 선행이 직업이 되는 것 같아서, 점점 그런 마음에 익숙해지는 것 같아서, 나는 그런 내가 죽기보다 싫어서 차라리 나 자체를 내어주고 싶었다. 그래서 아내에게 더 미안하고 또 고마웠다.

28살에 결혼한 우리는 8년을 연애하고 9년차에 결혼에 성공했다. 나는 가난한 전도사다. 게다가 교회에서 월급을 받으며 일하지도 않는 나를 믿고 결혼해준 아내에게 내가 해줄 수 있는 일은 아무것도 없었다. 우리는 각자 결혼자금을 모았고, 나는 그것조차 상견례 며칠 전에 또 다른 미혼모 친구의 집을 구해주는 데 써버렸다. 그때도 그랬지만, 아내는 언제나 나에게 잘하였다고 말했다.

우리 신혼집은 7평이었다. 거실과 부엌이 구분되지 않고 방음조차 되지 않는 낡은 빌라에 신혼집을 차린 나는 언제나 아내에게 미안한 마음뿐이었다. 그래서 결혼반지는 나에게, 아내에게 특별했다. 없는 형편에도 청혼할 때만큼은 좋은 반지를 줘야 한다는 생각에 아르바이트를 해서 마련한 돈으로 사준 반지였고, 그 반지만큼은 우리에게 소중한 것이었다. 그래서 아내의 결단은 가장 소중한 것을 내어놓기로 한 헌신이었고 기도였다.

우리는 반지를 판 돈을 들고 대형마트로 갔다. 그 가정에 선물할 선물을 사기 위해서였다. 선물을 고르며 내 손을 잡는, 반지가 빠진 아내의 빈 손가락이 허전하고 외로운 내 마음을 쓸어내렸다. 아내의 허전해진 손가락이 오히려 나를 위로하고 채워주는 듯했다. 마음 한구석에 말로 표현할 수 없는 따뜻함이 가득 느껴졌다. 설명하긴 힘들지만, 이 따뜻함과 가장 가까운 단어는 '위로'가 적당한 것 같았다. '함께하면 위로가 된다.' 너무 당연한 말이 또 위로가 되는 것은 이제 아내의 말이 내 마음에 담겨서일 것이다. 내가 '혼자' 하는 일이라 생각했는데, 아내와 '같이'가 되니 두려움이 한풀 꺾인 것 같았다.

외로움은 두려움에서 오는 것일까? 그러고 보니 두려움이 혼자라는 것에서 시작되더니, 이제는 '외롭지 않다'는 말을 마음 한구석에서 피워내고 있었다. '같이'라는 따뜻함으로 '위로'를 받은 내 마음은 '외롭지 않다'고 단단해져 다시 마음을 다잡았다. 눈물이 핑 돌았다. 내가 느끼는 이 마음을 어린 엄마가 동일하게 느끼면 좋겠다는 생각이 들었다.

한참을 돌아다니다 가전제품 코너에서 청소기를 하나 샀다. 지난번 방문할 때 보니 엄마와 아이는 항상 마스크를 쓰고 있었다. 먼지가 아이에게 좋지 않아 마스크를 의무적으로 착용한다는 말이 기억났던 것이다. 나도 마스크를 쓰고 틈만 나면 손 소독제를 바르고 있었으니 그 불편이 생생하게 느껴졌다.

어린 엄마는 아이가 퇴원한 뒤가 걱정이라고 했다. 집에서는 청소기를 돌리는 것도 먼지가 날리는 일이라는 것이었다. 정말 좋은 청소기에는 미세먼지 필터가 붙어 있어 청소기를 돌려도 먼지가 많이 나지 않지만, 그 가정에서는 그 정도의 청소기를 구매할 여력이 안 된다는 말이 생각났던 것이다. 어린 엄마가 원하는 비싼 청소기를 하나 구매하고, 남은 돈으로 남자 아이들이 가장 좋아한다는 '헬로우 카봇 펜타

스톰 5단 합체' 장난감을 구매했다. 병실에서 아이가 가지고 놀던 장난감이 부서져 있던 것을 보고 "다음에 올 때 삼촌이 카봇 사올게"라고 약속했던 것이 생각났기 때문이다. "대신 장난감을 사온다면 너도 건강해야 해"라며 손가락까지 걸었으니, 나는 그 약속을 지켜야 했다. 아기도 엄마도 모두 즐거워하기를 바라는 마음이었고, 마침 성탄절이 다가오고 있으니 이 선물이 위로가 될 것 같았다.

마지막 크리스마스가 아니길

'이번 크리스마스가 마지막 크리스마스가 될 수도 있어.'

마음 한 구석에서 또 누군가가 속삭이는 것 같았다. 애써 고개를 흔들며 떠오른 생각을 잊으려 했다. 텅 비어가는 마음에 '하루를 살아 있어도 생명은 생명이다. 생명을 앞에 두고 죽음 때문에 비겁해지지 말자'는 다짐을 우겨넣었다.

그러나 마음과 반대로 그 집으로 가는 발걸음은 바빠져만 갔다. 집 앞에 도착해 벨을 누르려는 순간 손가락이 또 멈칫했다.

'제발, 마지막 크리스마스가 되지 않으면 좋겠다.'

중얼중얼, 기도인지 뭔지 모를 것을 쏟아내며, 나는 준비한 산타 옷을 갈아입고 집으로 들어갔다. 문이 열리고 아이가 마중 나왔다. 어울리지도 않는 가짜 수염에 어색한 할아버지 웃음소리, 우스꽝스러운 산타 분장을 한 나를 보고 아이와 엄마는 신이 났는지 깔깔거렸다. 아이와 엄마는 집에서도 마스크를 쓰고 있어서 표정이 보이지 않았지만, 깔깔 웃는 소리는 마스크를 뚫고 나와 긴장하고 얼어 있던 내 마음을 두드렸다.

나는 가지고 간 선물들을 펼쳤다. 기뻐하는 엄마와 아이를 보며 조용히 기도했다. 분명 선물을 사서 주겠다는 생각이었는데, 집안 가득 웃음소리가 가득해지니 선물을 사주기보다 그냥 내가 선물이 되고 싶었다.

'하나님 저는 이 아이에게 선물이 되고 싶습니다. 차라리 내가 내어져 죽음이 멀리 피해갔으면 좋겠습니다.'

하지만 병마 앞에서, 아이 앞에서 무기력한 나는 나를 꿇려 기도하는 것 외에 아무것도 할 수 있는 것이 없었다.

아이는 눈을 동그랗게 뜨고 내 손에 들린 장난감과 나를 번갈아 보았다. 아마 아이는 알았을 것이다. 장난감을 한보따리 사들고 찾아온 산타 분장을 한 청년이 얼마 전 병원에 온 그 삼촌이라는 것을. 항암으로 머리가 빠지고 초췌해진 아이는 내가 슬그머니 내민 변신 로봇 장난감을 품에 안고서 한참을 어루만지다 내 눈치를 보았다.

"이거 네 거야."

아이는 그제야 함박웃음을 지었다. 마스크로 입을 가려야 했지만, 내가 내민 장난감을 받은 아이의 미소는 분명 함박웃음이었다.

장난감을 깨끗이 소독하고, 오랜 시간 아이와 나는 말없이 장난감을 가지고 놀았다. 이상하게도 눈물은 나지 않았다. 짧은 시간이었지만, 이 시간이 소중해서 울 시간도 아깝다는 생각이 들었다. 다만 우는 것 같은 표정으로, 우리는 가끔 서로를 쳐다보았다.

마스크로 입을 가려야 했지만, 나와 장난감을 가지고 노는 아이의 미소는 분명 함박웃음이었다. 집으로 돌아가는 나에게 인사하러 나온 아이는 한 손에 카봇 장난감을 꼭 쥐고 있었다. 나는 작은 손을 보며 말했다.

"삼촌은 약속 지켰다. 너도 건강해지겠다는 약속 지켜."

세차게 고개를 끄덕이는 아이를 뒤로 하고, 발걸음을 떼어 돌아섰다. 우리는 그렇게 헤어졌다.

내가 다녀간 몇 주 뒤, 아이는 건강이 악화되어 더 이상 생을 이어가지 못하였다. 활짝 웃는 모습을 한 번 더 보고 싶었는데, 그렇게 할 수 없었다. 마지막 크리스마스가 아니길 그렇게 빌고 빌며 기도했는데, 나의 기도는 빗나갔다. 아쉽고 슬픈 마음과 마음 깊은 곳의 탄식이 끊이지 않았다.

아이는 떠나기 이틀 전부터 중환자실에 있었다. 이틀 전에는 너무 아파 숨을 헐떡이며 엄마를 자주 찾았다고 한다. 그러다 떠나기 하루 전, 아기는 평온하게 엄마를 불렀다.

"엄마, 내가 아파서 많이 미안해."

"엄마, 이제 좀 앉아서 쉬어."

"엄마, 그동안 고생 많았어."

"엄마, 고마워."

8살 된 아이가 유언처럼 남긴 마지막 말이었다고 한다. 아이는 너무나 평온하게 웃으며 하나님 곁으로 갔고, 아이의 엄마는 웃으며 긴 잠에 든 아이를 보면서 적지 않은 위로를 받았다고 한다.

그 어린아이가 무엇을 알아서였을까? 미안하고 고마운 마음을 쥐어짜내듯 말한 아이의 말들이 내 마음을 때렸다.

"햇볕이 드는 곳으로 하자"

기독교인은 장례를 치를 때 제사상을 차리지 않지만, 어린 엄마와 나는 그래도 마음을 담고 싶어서, 평소 아이가 좋아하던 KFC 치킨과 오렌지주스와 초콜릿을 영정 앞에 두었다. 그래놓고 물끄러미 아이의 영정 사진을 보는데, 미안해서 고개가 숙여졌다. 사진 속 아이는 환한 미소로 나를 보고 있었다.

'좀 더 일찍 알았더라면….'

불과 몇 달 전 도망치자고 마음먹었던 때와는 다르게, 만남의 시간이 늦춰진 것에 대한 아쉬움이 밀려들었다.

'좀 더 가까웠더라면, 조금만 더 신경 썼더라면 바뀌는 게 있었을까?'

변명과 핑계가 미안한 마음과 뒤섞여 고개를 숙이게 했다. 또 숨고 싶고 도망치고 싶었으나, 이제는 숨을 수도 도망칠 수도 없다. 끝이었고, 그 끝에서 고개만 숙이고 있는 내가 미웠다. 그런 나의 손을 어린 엄마가 잡았다.

"그래도 대표님이 한국 오실 때까지 잘 버텼어요. 아이가 대표님 올 때까지 기다렸나 봐요."

아이가 한참 아플 당시, 나는 다른 봉사자들과 함께 태국 선교 중이었다. 태국에서의 귀국이 하루만 늦어졌어도 얼굴조차 마지막으로 못 볼 뻔했는데, 그마저도 기다려줬다는 말에 가슴이 아려왔다. 텅 비어버린 마음처럼, 텅 빈 장례식장에는 고요한 침묵만 흘렀다.

납골당은 슬픔이 찾아온 가족에게 더 큰 슬픔을 준다. 마지막에 조금이라도 보탬이 되고 싶어 아이 엄마와 함께 접수처로 갔다. 할 수 있는 것이라고는 그 고통의 무게를 함께 나

뭐 지는 것뿐이라는 생각이었다. 접수처의 직원이 내게 물었다.

"오늘 장례 치르고 있는 아기의…?"

그리고는 말을 잇지 못하였다. 뭘까? 나는 아이의 누구인가? 갑자기 찾아온 질문에 멍하게 서 있는데, 아이 엄마가 본인의 이름을 말하였다. 그러자 접수처 직원이 이어 말했다.

"가격표입니다."

'고인의 편안한 영면을 위하여'라고 적힌 글 밑에는 숫자들이 빼곡했다. 제일 싼 곳이 350만 원, 위치가 좋으면 400만 원, 햇볕이 들면 450만 원이란다. 연간 관리비용까지 합치면 엄마가 부담하기에는 너무 큰 금액이다. 어린 엄마의 눈에 다시 눈물이 핑 하고 고였다. 아마도 가는 길도 편히 보내주지 못한다는 생각을 하고 있는 것은 아닐까? 그래도 마지막으로 해줄 수 있는 일이라고 생각되어, 엄마의 어깨를 두드리며 말했다.

"이왕이면 햇볕이 드는 곳으로 하자."

집과 병실에만 있던 아이가 생각나서, 또래의 아이들이 뛰어노는 모습이 또 생각나서 그렇게 하기로 결정하였다. 아니라며, 괜찮다며 손사래를 치는 엄마를 빈소로 돌려보낸 뒤 접수처에 말하였다.

"그거 전부 제가 내겠습니다."

"네 상주 분과 관계가 어떻게 되시나요?"

가족은 아닌 것 같고, 낯선 이가 장례비와 납골당 비용까지 낸다고 하니 직원은 재차 물어보았다.

"보호자입니다."

"네?"

보호자라고 말하지만, 고인의 엄마와 몇 살 차이가 나지도 않아 보이는 내게 직원은 의아한 표정을 보여주었다. 나는 다시 말해주었다.

"오늘 장례 치르는 아기 엄마, 이미영의 보호자입니다."

그렇게 해서 나는 세상에 남은 아이 엄마의 남은 시간 동안 보호자가 되기로 마음먹었다.

슬픔을 나눠도 고작 반인데

이것저것 처리해야 하는 일을 처리하고 다시 빈소에 앉았다. 며칠을 밤을 샜기 때문일까, 아이 엄마는 구석에 다리도 펴지 못하고 쪼그려 앉아 쌔근쌔근 잠들어 있었다. 상복도 입지 못한 어린 엄마의 티셔츠에 흘러내린 눈물을 다 닦지 못해 얼룩진 자국이 있었다. 찾아오는 이 없는 작은 빈소에서, 나는 잠든 엄마와, 이제는 멈춰버린 시간 속에서 웃고 있는 아이의 사진을 번갈아 바라보았다. 나의 시야가 뿌옇게 가려졌다. 나는 그제야 조금 눈물이 났던 것이다.

누가 그러더라. 슬픔은 나누면 반이 된다고. 반(半)…. 슬픔을 나눈다고 나눴는데 고작 반이다. 반밖에 안 되는데…. 사실, 나는 그 반도 제대로 안 짊어진 것 같은데, 그 반이 너무 무거워 가슴이 조여들었다. 내가 이기적인 사람이라 반도 이렇게 무거운데, 마음 한구석 조용히 찾아오는 슬픔에 내 짐을 다 지셨다는 예수님의 십자가가 그날따라 더 생각이 났다.

'나는 당신처럼은 안 돼요. 다 짊어지지는 못하겠어요. 이제는 이런 일이 안 일어났으면 좋겠어요. 이 시간이 나도 아파요.'

멍하게 앉아 솔직한 마음을 뱉어내고 있는 내게 언제 깼는지 아이 엄마가 다가왔다. 아이 엄마는 우는 나를 보며 또 눈물을 흘리면서 떨리는 목소리로 힘겹게 말했다.

"감사합니다. 대표님."

정리가 될 무렵이라 그런지 아이 엄마는 한번 더 내게 인사하였다.

"아니다. 나는 내 할 일 했다."

미혼모 선교사로서 할 일, 비영리단체 대표로서의 할 일, 애초에 아이 엄마에게 엄마의 책임을 다하라고 말했듯, 나는 나의 책임을 다한다고 답하였다. 그저 달래고 싶었다.

"힘드셨죠? 저희 때문에….."

아이 엄마는 내 옆에 앉아, 마치 시간을 정리하듯 하나하나 있었던 그동안의 일을 떠올리며 나에게 말을 건네고 있었다.

"아니다. 하나도 안 힘들었다."

분명 어린 엄마가 더 힘들 테니, 내가 힘든 것은 아무것도 아니었다. 다른 사람은 몰라도 그 아이 엄마 앞에서만큼은 아니라고 말하고 싶었다.

"얼굴이 많이 초췌해지셨어요, 처음 뵀을 때보다. 고생하셨어요.. 죄송하고 너무 감사합니다."

아이 엄마는 다시 고개를 숙였다.

"아니다. 죄송할 필요도 없고, 나는 내가 해야 할 일을 했다고 생각하고 있다."

담담히 대답하려는데, 나도 눈물이 흘러내렸다. 서로가 말로는 다 할 수 없는 감정이 쏟아져 나오는 것 같았다. 나는 계속 말했다.

"사실 장례를 치러본 게 나도 처음이라 어떻게 위로해야 될지 모르겠고, 내 감정을 어떻게 다스려야 할지도 모르겠다. 그런데 슬프면 슬픈 대로 그냥 이렇게 있고 싶다. 충분히 슬퍼하고 싶어. 너도 그래라. 충분히 슬퍼하고, 충분히 울고.

그리고 다시 웃자. 웃을 날이 올 거야."

눈물을 닦으며, 또 눈물을 닦아주며 말했다.

"만약 그때요, 제가 처음 연락드렸을 때요, 대표님이 안 오셨더라면 저희는 어떻게 되었을까요?"

어떻게 되었을까? 말없이 고개 숙이고 있는 내게 어린 엄마가 또 말했다.

"만약 또 누군가가 이런 일을 겪게 된다면 대표님은 또 도와주실 거예요?"

"그래"라고 말하려다가, 고개를 들어 아이 엄마의 모습을 보았다. 눈물 때문에 뿌옇게 가려진 나의 시야에 아이 엄마가 아닌 예수님이 앉아 계셨다. 텅 비어버린 빈소에서 예수님은 내게 묻고 계셨다. 아이 엄마가 나에게 했던 말이 그제야 다르게 받아들여졌다. 예수님이 나를 격려하시는 것 같았다.

"고맙다, 효천아."

"힘들었니? 나 때문에."

"얼굴이 많이 초췌해졌구나. 고생했다."

"만약 네가 오지 않았더라면 이 가정은 어떻게 되었겠니?"

그리고 예수님은 내게 다시 물으셨다.

"만약 또 누군가 나의 양들이 이런 일을 겪게 된다면, 너

다시 또 할 수 있겠니?”

그것은 아이 엄마가 아닌 하나님의 물음이었다. 신기하게
도, 그것이 다시는 이런 일이 일어나지 않았으면 좋겠다는
나의 기도에 대한 답인지, 그분이 직접 나에게 물어보고 계
신 것 같았다. ‘사실 주님, 저도 너무 아픈데요. 못하겠어요’
라는 내 대답은, 그분이 물어보시니 사라진 것 같았다. 얼마
전에 누군가 내 마음에 들어온 듯 속삭이던 ‘끝’이라는 절망
적인 소리도, 막상 그분이 물어보시니 더 이상 들리지 않았
다. 그분을 바라보며 힘겹게 대답했다.

“네…. 저는 당신이 부른 사람이니까요. 네, 다시 또 하겠
습니다.”

고개를 푹 숙인 채 아이처럼 우는 내게, 그분이 손을 내미
시며 내 머리를 쓰다듬어주셨다. 그분의 손에 난 구멍이 내
머리를 스쳐 지나가는 것만 같았다.

생명을 살리는 사명

생명이라는 단어는 한자어로 生命이다. 날 생生 자에, 명령
명命 자. 즉 살라고 하는 명령이 생명이다. 이것을 반대로 이
야기하면 명령을 살아내는 것이라고 표현할 수도 있겠다.

그래서 생명은 하루를 살아도 생명인 것이다. 그리고 이 생명에게 명하신 분은 창조주 하나님이시다.

하나님이 내게 어떻게 살라고 명령하셨는지 사실 나는 그 명을 잘 모른다. 나뿐 아니라 많은 사람들이 이 명을 모른 채 살아간다. 그러나 우리는 계속해서 이 명을 살아가며 찾아간다.

생명은 우연히 이곳에 오지 않는다. 그분은 항상 무엇인가를 우리에게 명하시고 이곳에 우리를 보내셨다. 살아가면서, 살아가지만 아직 잘 모르는 그의 명을 찾으며 내가 받은 역할을 다 하는 것, 그리고 그 명을 마음에 품으며 사는 것, 나는 이것을 나의 신앙이라고 표현한다. 세상의 모든 생명들이 생(生)을 주신 하나님을 알기를, 그리고 그 명(命)을 알아가기를, 그 명대로 발버둥 치며 살기를 바라며 축복한다.

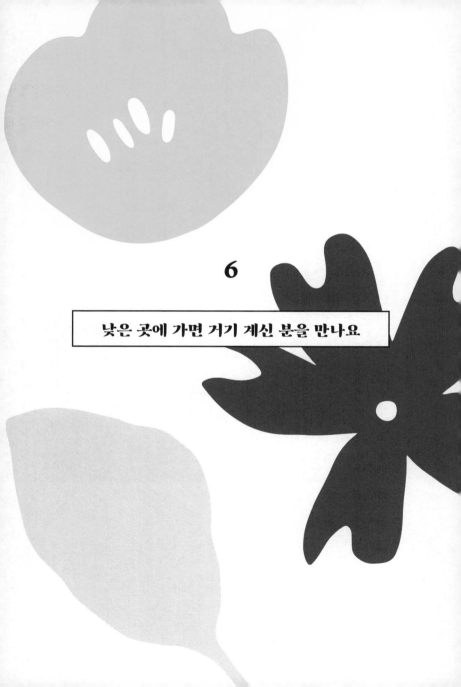

6

낮은 곳에 가면 거기 계신 분을 만나요

욥기 23장 10절에는 이런 말씀이 나온다.

"그러나 내가 가는 길을 그가 아시나니, 그가 나를 단련하신 후에는 내가 정금(순금)같이 되어 나오리라."

성경 욥기에서 가장 잘 알려지고 크리스천들이 좋아하는 말씀 중 하나이다. 나 또한 이 말씀을 가장 좋아하는 말씀 가운데 하나로 여긴다. 교회에서 예배를 드릴 때 '주가 보이신 생명의 길'이라는 욥기 23장 10절 말씀을 기반으로 만든 찬양을 부를 때면 감정이 이입되어, 자주 울컥하여 눈물이 나올 때도 있다. 공감이 되어서 그렇다. 나는 특히 순금이라고도 해석되는 '정금'이라는 단어가 좋았다.

우연히 종로에 있는, 귀금속 가공을 하는 공방을 찾아간 적이 있었다. 거기에서 순금을 만드는 방법을 보게 되었다. 아니, 조금 더 정확하게 이야기하면, 순금을 만드는 방법이 아닌 순금을 추출하는 과정을 본 것이다. 그곳에 계시는 분의 이야기에 따르면, 순금은 만들어지는 것이 아니라 불순물이 제거된, 다른 금속이 섞이지 않은 순수한 금의 상태를 순금이라 하므로, 순금은 만들어지는 것이 아니라 추출되는 것이라고 가르쳐주셨다. 그리고 이 순금은 용광로 앞에서 오랜 시간 피와 땀을 흘려 싸운 인내와 연단의 결과물이라며, 가공사의 피와 땀이라고도 말하였다. 그러니 순금은 원석 덩어리를 용광로에 넣어 오랜 시간 끓여 불순물들을 제거한 뒤, 순수한 금으로 가공시킨 것이라고 말할 수 있겠다.

기대하는 마음으로 들어가 본 가공소는 악취와 열기가 가득했다. 악취를 참으며 이곳저곳을 둘러보았는데 금은 보이지 않았다. "금은 어디 있습니까?"라는 질문에 가공사는 불에 활활 타고 있는 시커먼 덩어리를 나에게 가리켰다. 그것은 금이라기보다는 용광로에서 끓고 있는 불타는 쓰레기 같았다. "이게 금인가요?"라는 내 질문에 "그래"라고 답하며 손가락으로 가리키는데, 그 더러운 액체는 나에게 충격이었다. 가만히 서서 '불타는 쓰레기'를 쳐다보았다.

조금 시간이 지난 후 액체는 붉은 빛을 강하게 내더니, 몇 번 불순물을 제거하는 순서를 거쳐 내가 흔히 아는 그 '금'의 모습으로 나왔다. 땀을 닦으며 "봐 순금 맞지?"라고 말하는 가공사는 아무렇지 않게 또 다른 순금을 만들기 시작했다.

역시 악취와 함께 쓰레기인지 금인지 알 수 없는 무엇인가가 활활 불에 타기 시작했다. 눈에 보이는 대로 보니 그저 한낱 '불타는 쓰레기'로 밖에 보이지 않던 것이, 가공사의 설명을 듣고 보니 불순물이 아니라 그 안에서 끓고 있는 순금을 보게 된 것이다.

걸으로 보이는 대로 보는 사람과, 진정 그 속을 볼 줄 아는 사람은 달랐다. 욥기 23장 10절 말씀은 그래서 나에게 크게 다가왔다. 욥은 알고 있었다. 지금 고난 받는 이 시간은 순금이 되기 위한 시간이라는 것을. 욥은 팔팔 끓는 고난의 용광로를 자신의 불순물을 제거하기 위한 사우나 정도로 생각하고 있지는 않았을까? 욥의 친구들과 주변 사람들은 욥 안에서 끓고 있던 순금을 보았을까? 아니면 정제되며 떠오른 '불타는 쓰레기'를 보았을까? 다만 내가 아는 것은, 욥의 하나님은 알고 계셨다는 사실이다. 악취가 나고 쓰레기처럼 보이지만 순금이 끓고 있다는 것을. 저 안 깊숙한 곳에서 이제 곧 순금이 나올 것을.

나는 미혼모 엄마들을 볼 때면 욥기의 이 말씀이 생각난다. 복지는 멀고 차별은 가깝고, 생명의 탄생에 대한 축복보다 편견 어린 손가락질이 가깝고, 엄마로서의 인정보다 위기 청소년이라는 선입견이 더 많지만, 주님은 아신다. 저 속에서 금이 끓고 있다는 것을, 그 인내와 연단의 시간이 끝난 후에 그 아이들은 정금같이 나아올 것이란 사실을.

놀자, 놀자, 잘 놀자!

해아리대안학교를 운영하며 나는 아주 특별한 규칙을 만들었다. 그중 아기 엄마들이 가장 좋아하는 규칙 중 하나는 '잘 논다'이다. 잘 노는 것이 무슨 규칙이냐고 묻는 사람들이 있었다. 노는 것이 뭐 힘드냐고, 혹은 노는 게 대안학교 수업과 무슨 상관이냐고.

그러나 청소년 시기에 출산을 경험하여 공동체 경험이 부족한 아이들은 '잘 논다'에 대해 생소해 했다. 청소년 시기에 독립된 상황과 환경이 만들어지며 아동과 둘만의 세상을 살아가는 이들에게 노는 것은 혼자 노는 것이거나 혹은 비슷한 친구들(아기 엄마)들을 사귀며 노는 것에 불과하다. 그마저도 집에서 그냥 노는 것이고, 기껏해야 키즈 카페 말고는 노는 문화가 없었다. 그래서 낯선 타인과 섞이며 하나가 되어가는 '공동체'가 결여된 이들에게 '잘 논다'는 규칙은 새로운 공동체를 가르쳐줄 수 있는 환경이 되고, 어린 엄마들이 학교에서 배우지 못하였던 공동체 문화, 사람과 사람이 섞이며 배워야 하는 것들을 자연스럽게 가르칠 수 있다고 생각하였다. 그렇다고 막 놀 수는 없다. 그래서 우리는 수학여행이라는 명목으로 대한민국 구석구석을 여행할 계획을 세우곤 했다. 수학여행 한번 가보는 것이 소원이라던 어린 엄마들의 소원까지 성취되니 이보다 좋을 수는 없었다.

첫 시작은 에버랜드였다. 마침 캄보디아의 아는 선교사님께서 캄보디아의 아동들과 함께 한국을 방문하신 차에 에버랜드로 가신다는 이야기를 듣고 거기에 얼른 편승하였다.

"우리도 갑시다."

그리고는 아기 엄마들을 모아 부랴부랴 용인의 에버랜드로 꼭두새벽부터 달려갔다. 새벽부터 모여 아기들을 들쳐 매고 짐을 꾸렸다. 분유부터 물티슈, 기저귀, 이것저것 챙겨야 할 것들이 많다. 아기 엄마들이라서 어쩔 수 없었다. 그러면서도 꼭 '개장시간'에 맞춰 들어가서 '폐장 시간'까지 놀고 싶다고 말하는 엄마들의 빛나는 눈동자는 꼭 청소년 또래 아이들의 눈과 같았다.

입구에서 자유이용권을 끊어 엄마들에게 나누어 주었다. 거기에 만 원 지폐 몇 장씩을 쥐어주며 아기 엄마들에게 말했다.

"점심, 저녁 다 안에서 사 먹고, 폐장 전에 퍼레이드랑 불꽃 놀이하거든. 그때나 보자."

나는 그렇게 말하고 돌아서려 하였다. 사실 아기 엄마들이야 에버랜드에다 퍼레이드라니 재미가 있지, 나는 사람들이 많이 붐비는 장소라서 이 틈에 좀 쉬려고 했다. 그런데 그때, 한 엄마가 아이 손을 나에게 쥐어줬다.

"가! 대표님 말씀 잘 듣고. 대표님한테 맛있는 거 사달라고 해. 안에 들어가면 팝콘도 있어."

황당해 하는 내게, 어린 엄마가 새벽에 보여주던 그 반짝거리는 눈빛으로 사정했다.

"대표님, 하루만…. 제발요. 하루만요."

두 손을 싹싹 빌며 몸을 비비 꼬는 어린 엄마는 평소와는 다르게 화장도 진하게 하고, 평소 안 입던 쫙 달라붙는 청바지도 입었다.

"뭐가 하루만이야? 안 돼!"

아기 손을 다시 넘겨주려는 나에게 어린 엄마는 눈물까지 글썽인다.

"제발요. 하루만. 저도 놀고 싶어요."

그 눈물에 이기지 못하고 아이 한 명의 손을 잡고 들어가려는데, 여기저기서 아기들의 손이 다가왔다.

"대표님이 오늘 아기들 봐주시는 거예요?"

아니라고 할 새도 없이 엄마들은 내 주변에 아기들을 포진시켜놓고는 싸온 짐들까지 턱 맡기기 시작했다.

"아니, 이렇게 많이는 안 되는데…."

아기를 맡기는 건지 나에게 던지는 것인지, 훌쩍 아기를 떠넘긴 엄마들은 "감사합니다~!"라고 큰소리로 꺄르륵 외치며 이내 삼삼오오 흩어져 버렸다. 졸지에 나와 봉사자 몇 명은 에버랜드를 앞에 두고서 애만 보게 생겼다. 그래도 꺄르륵 웃으며 뛰어가는 엄마들의 모습은 보는 이들로 하여금 여느 또래 청소년의 모습과 다르지 않다는 생각이 들게 했다. 나는 봉사자들에게 말했다.

"야, 우리 아기 엄마들이 뛰는 거, 전에 본 적 있냐?"

저렇게 날개 돋힌 듯 뛰어다니는 모습을 나는 처음 보는 것 같았다. 문득 궁금해졌다. 이 모습이 왜 이렇게 낯선지 이해가 가지 않았다.

"아니요. 항상 아기 띠에 유모차에, 뛰는 것은 처음 보네요."

그랬다. 한 번도 아기 띠 없이, 유모차 없이, 아기 없이 만난 적은 없으니까, 저렇게 웃는 것도 낯설었다. 그저 사무실에 물티슈가 박스채로 후원이 들어오거나, 마침 아기에게 딱 맞는 기저귀가 후원물품으로 들어와야 활짝 웃었으니까. 저렇게 노는 게 좋아서 활짝 웃으며 뛰는 것은 우리에게도 낯선 엄마들의 모습이었다.

"그래, 오늘 하루만큼은 우리가 고생하자. 좋네. 청소년 같다."

우리는 아기들을 돌보며 놀이기구 근처에는 가보지도 못했다. 공원에서 츄러스나 뜯어 먹고 있는데, 아기 한 명이 울기 시작했다. 엄마가 보고 싶어서였다. 당황한 봉사자들이 엄마를 찾기 시작했다.

"엄마는 지금 놀이기구 탄다고 전화도 안 받을 텐데…."

당황한 봉사자들이 우왕좌왕하고 있는데, 내 눈에 아기 엄마가 쏙 들어왔다. 나는 아기 엄마가 있는 곳을 턱으로 가리켰다.

"저기 있다. 가서 아기 보여주고 와."

놀란 봉사자들이 말했다.

"우와, 저기 있는지 어떻게 아셨어요?"

"우와, 역시 대표 짬밥은 다르구나!"

'훗' 웃으며 아무것도 아닌 척 하였지만, 사실 신기하게도 내 눈에는 넓디넓은 에버랜드에서 우리 아기 엄마들이 눈에 쏙쏙 들어왔다. 찾는 것은 너무 쉬웠다. 길을 걷다가 가장 시끄러운 웃음소리가 들리는 곳, 가장 시끄럽게 비명을 지르며 놀이기구를 타는 곳에는 항상 우리 아기 엄마들이 있었다. 깔깔깔. 목젖이 보이도록 웃으며 까부는 아이들은 마치 에버랜드가 자기 것인 것 마냥 신나게 웃고 뛰었다. 누가 알까? 저렇게 웃으며 행복하게 노는 아이들이 사실은 미혼모이며 아기 엄마라는 것을. 단연코 아무도 모를 것이다. 사람들은 그냥 '밝은 청소년들이구나' 정도로 생각하며 웃겠지. 그들의 밝은 웃음이 낯설었지만, 계속 되었으면 하는 바람이 솟구쳤다.

'엄마들'에게 가장 필요한 것은?

두 번째는 파주였다. 이번에는 한옥 팬션을 통째로 빌렸다. 아기들이 있으니 혹여 시끄럽게 해서 팬션의 다른 손님들에게 피해를 줄까봐 독채를 써야 했다. 독채 안에 아기들을 위한 수영장도 있으니 나름 만족하였지만, 그 수영장은 곧 엄마들의 차지가 되었다. '내가 수영장에 오다니'라고 외치며 무릎 정도 높이의 유아용 풀장에서 푸덕거리며 노는 엄마들이 웃기기도 하고 측은하기도 하였다.

파주에서의 수학여행 콘셉트는 '여유'였다. 당시 위드맘 한부모 가정 지원센터의 다큐멘터리를 촬영하고 있을 때였는데, 감독님이 기습적으로 한 질문이 그 여행의 시작이었다.

"엄마들을 바라볼 때 뭐가 가장 필요해 보이나요?"

봉사자 한 명이 대답했다.

"여유요."

"열심히 아기 키우며 악착같이 일하며 사는 것도 좋지만, 엄마들이 하루라도 여유 있는 시간이 있으면 좋겠어요."

툭 던져진 질문과 툭 던진 답변은 오랜 시간 가슴에 메아리쳤고, 그래서 우리는 파주로 떠났다. 출발하기 전부터 신이 난 봉사자들과 어린 엄마들을 보며 나는 처음으로 놀기 위해 법인카드를 꺼냈다. 놀기 위해 따로 후원을 받지 않고 우리 재정을 쏟아낸 것은 처음이었다. 총 40명, 아기들까지 합치면 더 많은 수가 움직여야 했다. 그들의 먹는 것, 입는 것, 자는 것을 나는 신경 써야만 한다. 복잡한 생각이 오고 갔지만, 생각을 떨치려 고개를 저었다.

"부족하지 않게, 맛있는 거 많이 사자."

카드라고 해서 돈이 얼마나 있을까? 금세 바닥나 버린 우리 재정 상태를 안 봉사자들은 자기들의 주머니를 열었다. 노는 것 때문에 주머니를 여는 것이 미안했는데, 봉사자들은 노는 일에 기꺼이 주머니를 열었다. 우리만으로는 부족하여 여러 곳에 부탁하였다.

"봉사자들을 보내주세요."

엄마들이 놀 수 있게, 또 안전을 위해 아기 한 명당 한 명의 봉사자가 붙어야 한다. 가서도 문제다. 엄마와 아기들은 신나서 물에서 놀고 놀다 지치면 고기를 먹겠지만, 나는 전체를 이끌어 가야 하니 내 머릿속의 타임테이블과 초시계는 바짝 날이 서 돌아갔다. 분명 주제는 '여유'였는데, 나만 여유가 없었다.

저녁 레크리에이션 시간, 나는 또 팬션을 빠져나와 차를 타고 인근 대형마트를 찾아 헤맸다. 열여덟 살 된 만삭의 엄마 생일이고 열아홉 살인 엄마의 아기가 100일이다. 케이크라도 사야 한다. 헐레벌떡 케이크와 선물을 사서 초에 불을 붙이고, 행사가 끝날 때 즈음 케이크를 들고 들어가 노래를 불러주고 파티를 열어주었다. 케이크를 건네면서도 나는 다음 행사를 머릿속으로 생각하고 있었다. 그때 마이크가 내게 쑥 내밀어졌다. 당황한 나에게 사회자가 말했다.

"대표님, 한마디 하시죠?"

"네? 저요?"

다음 할 일을 준비한다고 바쁜 내게 '한마디'는 준비가 없던 '한마디'였다. 그제야 생각을 멈춘 나는 고개를 들어 엄마들을 바라보았다. 생각이 멈추고, 갑자기 내게 들이닥친 '여유'였다. 아기 엄마들을 하나하나 쳐다보았다. 요즘 자주 보는 웃음이었다. 에버랜드에서 처음 보았던 생글생글하고 밝은 미소다. 나를 쳐다보는 엄마들의 얼굴이 과연 또래 아이들의 표정 같았다. 그 미소와 표정을 보고 그제야 안도했다.

'오늘 즐거웠구나.'

마이크에 대고 말했다.

"어…, 민지는 뱃속에 있을 때, 초음파 사진의 점이었을 때부터, 태어났을 때, 그리고 오늘 100일까지 함께 했는데, 초등학교를 들어가고, 중학생이 되어도, 그때도 내가 케이크를 사줄 수 있으면 좋겠다."

괜히 눈물이 핑 돌았다.

"어…, 진영이는 이제 곧 출산인데, 겁먹지 말고, 걱정하지 마. 다른 언니들처럼, 아기의 출산도, 커가는 것도, 함께 하자…."

말을 이어가는데 한 명 두 명 눈시울을 붉혔다. 팍팍한 현실을 알기에 그런지, 오랜만에 찾아온 여유가 낯설기도 하고 간지럽기도 했다. 다시 살아갈 이유라도 된 것 마냥, 그날 누린 여유는 두 다리에 힘으로 돌아갔다.

두 번째 수학여행 역시 성공적이었다. 세 번째도 네 번째도 우리는 즐겁게 전국을 다니며 엄마들에게 청소년의 시간을 선물해주었다. 그런데 문제가 생겼다. 제주도 여행을 계획하면서부터였다. 어디를 갈지 무엇을 보고, 어떤 것을 먹을 것인지, 이번에는 어떤 시간을 엄마들에게 선물해줄지 봉사자들과 머리를 맞대고 고민하는데, 한 명이 슬며시 손을 들었다.

"대표님…, 예산이 부족한데요."

"없으면 또 모으면 되지 뭐, 나도 돈 보탤게."

우리야 뭐 항상 '간당간당' 빠듯한 돈으로 일을 진행해왔던 터라 별 대수롭지 않게 이야기했다.

"아니요, 턱없이 부족한데요! 이거 얼마씩 보탠다고 해결될 문제가 아니에요."

'해외수학여행'을 가다니

예산안을 살펴보았다. 어마어마한 금액이 찍혀 있었다. 차량을 빌리는 것도, 밥 먹는 것도, 숙소도, 심지어 입장료까지, 우리는 항상 아기들을 데리고 대규모로 이동하다보니 비용이 어마어마하게 들고 있었다. 그동안은 모아온 예산으로 버텨왔으나, 시간이 갈수록 예산은 줄어들고 결국 위기 상황까지 오고 말았다. 엄마들이 즐거워하고 청소년 본연의 모습을 찾는 것은 좋았으나, 반대로 단체의 예산은 줄어드니 혼란스러웠다. 정작 이러다간 '위기 상태의 미혼모가 긴급하게 도움을 요청할 경우 우리는 손 쓸 방법이 없는 것은 아닐까?' 하는 고민까지 밀려들었다. 그렇다고 "취소하자. 그동안 잘 놀았다"라고 말하기에는, 에버랜드에서, 파주에서, 경주에서 반짝거리던 그 눈빛들을 잊을 수가 없었다. 위기 상황에 긴급한 개입도 중요했지만, 청소년 존엄성의 문제 또한 중요했기에 나는 쉽사리 결정을 내릴 수가 없었다.

"방법이 없을까…?"

봉사자들 역시 현장에서 오랫동안 손을 맞춰온 이들이기에 다들 쉽게 "취소합시다"라고 말하지는 못했다. 우리는 이 일이 단순히 노는 것만이 아니라는 걸 모두가 알고 있었다. 한참을 고민해도 답이 나오지 않자 우리는 '제주도는 일단 취소'라는 결론을 내리고 해산하였다. 분기마다 엄마들에게 수학여행을 보내겠다고 다짐하였는데, 마음처럼 되지 않아 속상한 마음은 괜히 더 울적해졌다. 바람이라도 쐬어야 속상한 마음이 좀 진정 될 것 같아 사무실을 나왔다. 집까지 걸어가면 1시간이 넘는 거리이지만, 그렇게라도 걸어야 할 것만 같아 나는 귀에 이어폰을 꽂고 무작정 걸었다. 걸으면서도 계속 '방법이 없을까'라는 생각을 했다.

'어떻게 하면 돈을 적게 들이고, 뜻 깊은 곳으로 가서 재밌는 시간을 보내고, 거기에 엄마들에게까지 좋은 시간을 만들어줄 수 있을까?'

한참 고민하며 걷고 있는데 이어폰에서 노래가 뚝 끊기고 전화 연결음이 들렸다. '캄보디아 선교사님'이라고 찍혀 있었다. 몇 년 전, 우연한 계기로 친하게 지내고 있는 선교사님이셨다. 순간 번뜩이는 생각이 들어 다짜고짜 전화를 받아 소리 지르듯 말하였다.

"선교사님, 제가 우리 애들 데리고 선교팀 만들어서 캄보디아 가면 숙식 해결해주실 수 있으십니까?"

그곳 사역지에는 교회도 있고, 숙소도 있고, 주방시설도 있고, 무엇보다 물가도 한국보다 훨씬 싸니까, 우리가 시장 봐서 밥 해먹고 하면 제주도보다 훨씬 싸게 먹힐 것 같았다.

"네? 뭐 오시면 함께 할 수는 있는데…."

"거기 쌀 비싸요? 반찬은요? 선교사님네 김치 있죠? 라면도 있어요?"

다급한 마음에 쏘아붙이듯 이것저것 물어보았다.

"아니요. 하지만 여기는 뭐든 한국보다 훨씬 쌉니다."

다른 말을 이것저것 한 것 같지만 '여기가 한국보다 훨씬 쌉니다' 이 말만 머릿속에 메아리쳤다. 방법이 보이기 시작했다. 얼른 전화를 끊은 나는 핸드폰을 열어 항공권을 검색했다. 우리가 흔히 이야기하는 메이저급 항공사를 타게 되면 직항으로 일인당 60만 원 정도 되는 금액이 나온다. 조금 경유를 하니 금액은 40만 원 정도까지 떨어졌다. 손가락이 바빠졌다. 저가 항공을 예약해주는 어플을 설치하고, 캄보디아까지 경유를 거쳐 최저가로 갈 수 있는 항공권을 검색했다. 숨이 멎을 것 같은 로딩 시간이 지나고 내 핸드폰에는 20만 원 언저리의 항공권들이 보이기 시작했다.

"찾았다!"

아르키메데스가 왕관이 순금으로 만든 것인지 아닌지를 밝혀냈을 때 이런 기쁨이었을까? 길에서 터져 나오는 기쁨을 참지 못하였다. 신나서 방방 뛰며 소리를 꽥꽥 지르고서야 내가 있는 곳이 길 위라는 것을 깨닫고 얼굴을 붉혔지만, 그래도 괜찮았다. 드디어 우리 모두가 '돈을 적게 들이고, 뜻깊은 곳으로 가서, 재밌는 시간을 보내고, 거기에 엄마들에게까지 좋은 시간을 만들어줄 수 있는 방법'을 찾게 되었다.

집으로 돌아온 나는 컴퓨터를 켜 캄보디아에 대해 조사하기 시작했다. 물론 그 나라의 역사나 선교 환경, 유적지가 어디 있는지보다, 식비와 차량 렌트 비용, 생활에 필요한 비용 전반을 조사하고 계산하였다. 엄마들을 설득시키고, 봉사자들을 설득시키는 것쯤은 아무렇지 않게 느껴졌다. 해외를 간다는데 누가 방해할쏘냐? 그것도 국내여행보다 훨씬 싸게 가는데. 나는 밤잠을 설치며 '해외수학여행'을 그렇게 기획하기 시작했다. 다음날 해아리대안학교의 예배시간, 나는 모른 척 엄마들을 모아 놓고 이야기했다.

"해외여행 가고 싶은 사람!"

"해외여행 가본 적 있는 사람?"

역시나 아무도 없다. 곳곳에서 여권도 없다는 이야기가 들려오니, 내 계획은 더욱 힘을 얻었다.

"그럼 해외여행 가보고 싶은 사람? 손들어 봐."

내 예상과 다르게 아기 엄마들은 쉽사리 손을 들지 못했다.

"왜? 해외여행 안 가보고 싶어?"

"여권도 없고요. 비쌀 테고요, 한 번도 가본 적이 없어서요…."

돌아온 엄마들의 답변은 마음을 짠하게 만들었다. 해외란 아기 엄마들에게 텔레비전으로만 본, 가본 적 없는 미지의 땅이었다. 더더욱 박차를 가해야겠다는 생각이 들었다. 나는 엄마들에게 다음 달까지 여권을 만들라고 시키고 봉사자들을 모두 불렀다.

"제정신이세요?"

"미친 거 아니에요?"

"아기들은 어쩔 거예요? 치안은 어떤데요?"

역시나 의견 모두가 부정적이다. 그래도 해외로 가는 것이 도대체 자립과 어떤 상관이 있느냐는 질문은 안 나와서 다행이라는 생각은 들었다.

"걱정 마. 다 돼. 내가 해외 많이 다녀봐서 알아. 안 위험해. 분명히 좋은 시간이 될 거다."

나는 중남미를 시작으로 아시아와 유럽, 중동아시아 등 해외 20개국 이상의 여행 경험이 있다. 그러니 해외로 나간다는 부담감이 적었고, 그러니 해외를 한 번도 안 나가봤다는 아기 엄마들의 말이 더 크게 와닿았다. '요즘 중고등학교 중에도 해외로 수학여행을 가는 학교들도 많은데, 이것도 수학여행이 될 수 있지 않을까?'라며 합리화하기에는 딱이었다.

나의 말을 들은 엄마들은 여권을 만들기 시작했다. 여권 만드는 방법을 몰라 자기들끼리 모여 핸드폰으로 '여권 만드는 방법'을 검색했다. 삼삼오오 모여 여권 사진을 찍었고, '잘 나왔죠?'라며 환한 미소와 함께 내 앞에 사진을 내밀기도 하였다.

엄마들은 설레어하며 출국을 준비해나갔다. 첫 여권과 첫 출국을 준비하는 과정 역시 엄마들에게 필요한 시간이라는 생각이 들었다. 나만 해도 해외로 나가기 전, 밤새며 준비한 시간이 여행을 하는 시간만큼이나 기쁘고 설레었던 적이 많았다. 그 설렘을 동일하게 느꼈으면 하였다. 나는 가끔 찾아오는 엄마들의 질문에 거짓말을 하기도 하였다.

"대표님, 우리 호텔에서 자요?"

호텔은커녕 교회 바닥에 이불 깔고 자야 하지만, 능청스럽게 대답했다.

"그럼, 5성급까지는 아니어도 좋은 곳이야."

"가는 데는 얼마나 걸려요?"

직항이면 6시간이면 되지만 그것도 사실대로 말할 수는 없었다.

"19시간 정도 걸려. 경유해서 가니까. 원래 해외여행은 그 정도 걸려."

아무것도 모르는 엄마들은 고개를 끄덕였다. 이번 여행의 최대과제인 예산 줄이기를 위해서라면 19시간 아니라 더 많은 시간도 할애할 수 있다.

아기 엄마들은 두 팀으로 나누어졌다. A팀은 직접 해외로 가는 팀, B팀은 해외로 가는 A팀을 위해 아기들을 돌봐주는 팀. 평소 워낙 친분 있게 지내는 관계라 그런지 아이들도 '이모집'에서의 일주일 정도는 괜찮다고 하였다.

이렇게 저렇게 아기 엄마들은 해외여행을 준비했다. 반대로 나는 더 바빠졌다. 단순히 해외여행으로 끝낼 수는 없었다. 선교사님에게도 선교팀을 구성해서 가겠다고 했으니, 가서 해야 할 일들을 준비해야 했다. 구제물품들을 준비하고, 선교사님께서 필요하시다고 한, 사역에 보탬이 될 만한 것들을 꾸린다고 정신이 없다. 계획을 세우다 보니 이번 일정은 말만 해외수학여행이지 사실상 선교 일정이 되어가고 있었다. 하긴 선교사인 내가 일정을 짰으니, 별 수 없었다.

처음 마음과는 다르게 노는 시간은 점점 뒤로 밀려나기 시작하고, 봉사 활동 위주의 선교 일정이 되어가는 타임테이블을 보면서 뜨끔 하는 마음에, 아침에는 활동을 하더라도 저녁에는 그래도 엄마들을 데리고 놀아야 한다는 생각에 꼼꼼히 맛집 정보나 주변 관광지 탐색도 했다.

자기 세상을 떠나 다른 세상을 보았을 때

해외로 함께 갈 봉사자들을 모집하고 일정계획이 마무리된 다음, 우리는 공항에 집결하였다. 역시나 '아이들'은 선글라스에 화려한 옷들을 입고 나타나서는 깔깔대며 '공항 패션'이라고 웃고 있었다. '미안, 얘들아. 우리 일하러 가는 거야'라는 말이 입 밖으로 나올 뻔했지만….

"즐거운 시간이 될 거다."

웃으며 이렇게 말하면서, 즐거워하는 엄마들의 흥을 더 돋구어주었다. 우리는 그렇게 경유에 경유를 거쳐 캄보디아로 향했다.

비행기에서 내리자마자 숨이 턱 막히는 듯한 더위가 우리를 반겼다. 몇 번의 경유로 지친 몸을 이끌고 비행기에서 내리는 엄마들의 인상이 확 구겨졌다. 아마 다들 비슷한 생각을 했을 것이다.

　'이런 곳에서 일주일을?'

　그러나 공항은 그나마 환경이 괜찮은 곳이다. 우리가 가야 하는 곳은 캄보디아에서도 시골인 껀달 주의 '쏙싼'이라는 곳과, 프놈펜에서도 쓰레기 마을이라 불리는 철거민들의 마을 '보레이게일라'였다.

　공항을 빠져나오자마자 닭장차 같은 유치원 버스에 아기 엄마들을 구겨 넣고 시골로 향했다. 힘든 일정과 악천후의 날씨에 지쳐 쓰러질 만도 한데, 엄마들은 창밖을 내다보며 연신 '우와' 하며 감탄사를 내뱉었다. 그 모습이 예뻐, 이동하는 내내 캄보디아 역사에 대해 설명을 쏟아냈다.

　캄보디아는 아픔의 역사를 가진 나라이다. 베트남 전쟁 막바지에, 숨어든 베트콩 축출을 위해 미국이 캄보디아에 폭격을 가했다. 이 폭격으로 인해 100만 명에 이르는 캄보디아 국민이 수도 프놈펜으로 피난했다. 이후 베트남 전쟁이 끝나고, 캄보디아의 폴포트가 이끄는 무장단체 크메르루즈는 프놈펜으로 진군하였다. 크메르루즈가 프놈펜에 들어오자 시민들은 환영하였으나 기쁨도 잠시, 크메르루즈는 총구를 프놈펜 시민들에게 돌렸다. 시골로 떠나라는, 돌아가라는 지시였다.

　폴포트는 앙코르와트의 영광을 재현한답시고, 크메르 제

국 같은 농경사회를 만들고 싶어 하였다. 크메르루즈는 모든 현대적인 것을 부정적으로 보고, 공장을 파괴하고, 현대 사상을 가르치는 교사와 승려를 탄압했다. 학살이 시작된 것이다. 이렇게 살해된 사람이 200만 명에 이르렀고, 그 시체를 대량으로 매립한 곳이 영화로도 제작된 그 유명한 '킬링필드'이다. 이 과정에서 인구의 30퍼센트 정도를 죽였고, 학살의 이유도 어처구니없이 다양했다. 고등교육을 받았다고 죽이고, 집에 TV가 있으면 부자이므로 죽였다. 승려들은 국민을 교육할 위험이 있으므로 죽였고, 크메르족이 아닌 소수민족들도 죽였다. 완벽한 우민화 정책이었다. 처형의 방법도 끔찍했다. 인간이 상상할 수 있는, 아니 상상할 수도 없는 끔찍한 살해 방법과 고문 방법이 다 동원되었다.

불행 중 다행으로 크메르루즈 정권은 오래가지 못했다. 그러나 1975년부터 1979년까지 불과 4년 사이에 200만 명이나 죽었다. 이게 고작 지금부터 60년 전의 사건이다. 그래서 그런지 캄보디아는 지금도 노동연령이 낮은 편에 속한다. 당시 죽은 이들은 지금의 노인세대이다. 자연스레 어른들이 해야 할 일을 청년들이, 청년들이 해야 할 일을 아이들이 맡아 하게 되었다. 그래서인지 관광이 주력 사업인 캄보디아에서는 미성년도 매춘업에 뛰어든다. 한때는 성매매 관광지 세계 1위라는 불명예를 안고 있었던 캄보디아에서는

12세 이하의 어린 여자아이를 '사는 일'이 커피 사는 일만큼이나 쉽다고 하였다.

시골로 가는 버스 안에서 이런 이야기를 아기 엄마들에게 나누었다. 이야기를 들은 아이들은 이 나라가 그렇게 밝은 나라가 아니라는 것을 깨달았는지 한숨을 푹푹 쉬어댔다. 특히 미혼모 중에 7,8세의 조금 큰 아이를 둔 맏언니들은 창밖을 하염없이 바라보다 눈시울을 붉히기도 하였다. 아픔을 가진 나라에 상처를 가진 이들이 왔으니, 그들은 서로 말하지 않아도 비슷한 무언가를 공유하고 있었을 것이다.

시골로 들어간 우리를 동네 아이들이 맨발로 뛰어나와 반겨주었다. 반가움에 신발 신는 것을 잊고 뛰어나온 것이 아니라, 원래 맨발인 아이들이다. 그들은 우리를 안내하여 교회 안으로 들어갔다. 선교사님께서 다정히 우리를 맞아주셨고, 첫째 날 우리는 모두 예배당에 이불을 펼쳤다. 일정이 고단해서 그런지 엄마들은 곧 곯아떨어져 버렸고, 선교사님과 나는 향후 일정을 의논하였다.

우리가 이곳에서 무엇을 할 수 있을까? 애초 수학여행이라는 핑계로 오긴 왔지만, 막상 시골로 들어오니, 그리고 캄보디아에 대해 이야기를 하니 놀아야 한다는 기분은 어디론가 사라져버렸다. 버스에서 나의 이야기를 경청하던 엄마들 역시 같은 마음일 거라는 생각이 들었다.

"하나님이 계신 걸 느꼈어요"

날이 밝자 우리는 마을을 정비하였다. 곳곳의 낡은 곳과 일손이 필요한 곳이 보이면 엄마들은 달려가 이것저것 일을 도왔다. 교회로 찾아온 어린아이들과 그림을 그리며 놀아주고, 마을 잔치를 하겠다며 먹을 것을 준비하기도 하였다. 적응되지 않는 날씨와 낯선 환경에 짜증이 날 법도 한데, 아기 엄마들은 인상을 찌푸리기는커녕 항상 미소를 머금으며 생활하였다. 그래도 저녁이면 우리는 관광을 하였다.

신기하게도 아기 엄마들은 관광을 할 때면 지쳐서 버스 유리창에 머리를 박고 잠이 들었고, 아침이면 다시 쌩쌩해져 마을을 위해 여기저기 뛰어다녔다. 프놈펜의 쓰레기 마을이라 불리는 보레이게일라에 가서도 마찬가지였다. 이곳은 철거민들이 갈 곳이 없어 쓰레기 난지도에 텐트를 치고 생활하는 곳인데, 우리는 그곳 주민들에게 쌀을 나눠주는 일을 하였다. 20킬로그램의 쌀을 어깨에 짊어진 엄마들은 어디서 배워왔는지 두 손을 모아 짧은 말로 '좀 리업 쑤어'(안녕하세요), '어꾼'(감사합니다)을 외치며 이곳저곳을 누볐다.

우리 엄마들은 밝다 못해 눈이 부셨다. 어린 엄마들의 웃음소리는 우울한 캄보디아를 거쳐 하늘에 닿았다. 그 소리가 이 모든 일을 계획하신 하나님께 올리는 찬양 같아서 때

때로 눈시울이 붉혀졌다. 그렇게 우리는 아이들과 놀고, 마을을 정비하고, 쌀을 나눠주며 일주일을 보냈다.

마지막 날 저녁, 우리는 다 같이 모여 앉았다. 일정을 정리할 겸, 엄마들과 이야기를 나누고, 함께 기도도 하고 싶었다. 며칠 사이에 탔는지 얼굴이 빨개진 엄마들의 얼굴이 보였다. 동그랗게 둘러앉아 마지막 날을 아쉬워하고 있는 이들은 한국에선 미혼모라고 손가락질받는 아이들이 아니라, 여느 교회의 단기선교팀 청년들 같다는 생각이 들었다.

"어때? 5성급에 버금가는 숙소생활이?"

놀려주고 싶은 마음에 말을 꺼냈는데 연신 꺄르르 웃었다. 서운할 법도 한데, 웃으며 '괜찮아요'를 외치는 걸 보니, 숙소는 그들에게 중요한 것이 아니었나 보다.

"어땠어? 다들, 수학여행을 가장한 봉사 활동이?"

"재밌었어요. 뜻 깊었어요."

시키지도 않았는데 시계 방향으로 한명씩 돌아가며 발표를 하기 시작했다. 막내부터 맏언니까지 자신들이 느낀 것을 꺼내 놓았다.

"괜히 죄책감 같은 거 느꼈어요. 한국 살면서 '한국 싫다 싫다' 그랬는데, 여기 와서 그런 말 하면 안 되겠구나 느꼈어요. 그런데도 여기 아이들이 활발하고 밝아서 감동받았고, 인상 깊었어요."

맏언니 중 한 명인 주영이가 말을 이어나갔다.

"환경이 어려워 보이잖아요 맨발로, 신발을 벗고 다니는 아이들이 많고, 옷도 구멍 난 아이들이 많고…. 가슴 아파요."

자기 이야기를 하는 것처럼, 주영이는 어느새 눈가가 촉촉이 젖어있었다. 항상 왈가닥에 밝아 보이기만 한 주영이의 눈시울이 붉어진 것을 몇 년 새 처음 보았다.

"그래도 이런 일 할 수 있음에 감사하고, 뒤돌아보면 내가 여태 무얼 했나 싶기도 하고…. 그래도 내가 뭐라도 해냈구나 싶기도 해서 제가 대견했어요. 너무 행복한 시간이었어요. 제가 이런 행복을 느껴도 되는지 모르겠어요."

이 시간이 행복해서 다시 오고 싶다는 주영이는 이런 행복을 또 다시 느껴도 될지 모르겠다고 말할 때 울먹거렸다. 사실 일반 교회에서 단기선교팀을 몇 번 꾸리고 이끌어본 나는 이런 뻔한 소리들이 좋다. 특히 우리 어린 엄마들이 선교지에서 느낀 것들이 여느 교회의 청년들의 답변과 다르지 않으니, 이들 역시 일반 청년들과 다르지 않다는 것을 증명해준다. 뻔해서 좋았다. 다시 또 다른 엄마들의 발표가 이어졌는데, 이번에는 갑자기 뻔하지 않은 말이 툭 튀어나왔다.

"하나님이 진짜 계신다는 것을 느꼈어요."

나와 함께 한 지 7년이라는 시간이 지나가고 있는 은경이였다. 항상 맏언니로, 나와 함께 한 시간이 오래되었다는 이유로 이것저것 우리 단체의 잡다한 일을 도맡아주고 있는 친구였다. 7년을 보아온 은경이인데, 은경이가 한 고백은 놀라웠다.

"매번 대표님이 믿는 하나님이 있다는 것은 알았는데, 그 하나님이 나의 하나님이 된 시간이었습니다."

뻔하지 않은 소리가 툭 튀어나오니 당황했다. 스무 살 때부터 미혼모들을 만난 지 10년. 그 시간 동안 복지사각지대의 어떤 복지도 받지 못하던 아이들의 복지를 만드는 일을 했다. 자살을 막았고, 자립을 지원하고, 위기의 상황이라면 누구보다 먼저 뛰어갔다며 자신했는데, 툭 튀어나온 은경이의 고백은 내 마음을 어지럽혔다. '나는 엄마들에게 복음을 전했던 적이 있는가?'라는 질문이 머릿속을 맴돌았다.

얼굴이 벌겋게 탄 채, 두 눈은 더 빨갛게 충혈이 돼 울먹거리는 어린 엄마의 고백은 10년차 사역자의 마음을 더 부끄럽게 만들었다. 사실 우리는 NGO 단체라서 표면적으로 종교 활동을 해서는 안 된다는 지침이 있기 때문이다. '이 아이들은 복지와 자립이 더 우선이 되어야 하니까, 아니 어쩌면 내가 귀찮아서 아이들에게 예수를 전하는 것을 스스로 값어치 없이 여긴 것은 아닌가'라는 생각이 들었다. 나는 정신이 번쩍 들었다.

그래, 복음이 없다면 복지가 무슨 소용일 것이며, 복음이 없다면 아이들이 청소년 본연의 모습을 되찾은들 무슨 소용이 있겠으며, 복음이 없다면 아이들의 자립은 그냥 돈을 벌어 현재의 위기를 벗어나는 것뿐이라는 생각이 들었다. 그러고 보니 더 신기했다. 어떻게 알려주지도 않았는데 아이들은 이곳에서 하나님을 알게 됐을까?

문득 지나간 여행 일정이 다시 스쳐 지나갔다. 그러고 보니 은경이는 캄보디아 시골 마을을 걸을 때도 줄곧 혼자 눈물을 훔치곤 하였다. 맨발의 아이를 보아도 눈물을 훔쳤고, 다리가 절단돼 구걸을 하는 아저씨를 보아도 울었다. 한참을 울던 은경이는 나에게 이런 말을 했다.

"처음에는 그 사람들이 불쌍해서 눈물이 나던데, 함께 지내다 보니 내가 불쌍하게 본 것들이 그 사람들의 일상인데, 그 사람들의 일상을 불쌍하다 느끼는 내가 싫어져 울었어요. 그리고 그렇게 보았던 것이 미안해져서 울었어요. 그래서 내가 할 수 있는 것들을 찾아보았는데, 아무것도 해줄 수 있는 게 없어서 그냥 그 마을을 걸으며 조용히 기도했어요."

은경이는 누가 시키지도 않았는데 그들을 위해, 그리고 그 땅을 위해 기도하였다고 말했다. 그렇게 울며 기도하는 은경이에게 어느 꼬마가 다가와 울지 말라며 눈물을 닦아주었다고 한다. 그 꼬마의 위로가 감동이 되었는지 은경이는 계속 울었다. 눈물을 닦아주어도, 어깨를 토닥거려도 계속 우는 은경이를 보며, 꼬마는 안절부절 못하였다. 한참 고민을 한 꼬마는 은경이에게 귓속말로 자신이 평소에 선교사님에게 들은 짧은 영어로 '갓 블레스 유'라고 말했다. 은경이는 참지 못하고, 그 아이를 와락 껴안고는 엉엉 소리 내어 울었다고 한다. 그 꼬마는 하나님께서 은경이에게 보내신 천사일까? 아니면 그렇게 고생한 은경이를 위로하려고 친히 내려오신 하나님이실까? 아니면 그냥 마을의 마음 좋은 꼬마 아이였을 뿐일까? 답은 중요하지 않다. 은경에게는 자신의 인생에 찾아와 위로하시는 하나님의 흔적을 알아가는 이 시간이 더 중요했다. 그렇게 은경이는 하나님을 알아갔다.

하나님과 가까워지는 곳은?

성경 곳곳에는 소외된 이웃에 대한 이야기가 많이 나온다. 대표적으로 신명기 14장 29절의 "너희 중에 분깃이나 기업이 없는 레위인과 네 성중에 거류하는 객과 및 고아와 과부들이 와서 먹고 배부르게 하라"라는 구절과, 시편 68편 5절의 "그의 거룩한 처소에 계신 하나님은 고아의 아버지시며 과부의 재판장이시라"라는 말씀, 그리고 마가복음 12장 31

절의 "네 이웃을 네 자신과 같이 사랑하라"는 말씀이 있겠다. 나열하기도 민망할 정도로 많은 말씀이 소외되고 압제받는 이웃을 도우라는 말씀이고, 이는 예수께서 우리에게 알려주신 주요한 가르치심 중에 하나이다. 고아와 과부의 하나님, 가난한 자의 하나님, 약한 자의 하나님이라는 별명이 있을 정도니 오죽할까.

처음에는 나도 이 말씀들이 그들이 그저 불쌍하고 약하니까, 가난하고 못 가졌으니까, 조금 더 가진 내가 나눠야 한다는 의미로 받아들였다. 그래서 봉사 활동을 시작한 것이고, 그래서 사각지대의 아이들을 만나기 시작한 것이다. 그런데 그 말씀에 순종하여 살아보니 하나님께서는 단순히 그들이 불쌍해서 도우라고 하신 것이 아니었다.

이 말씀에 순종하려면 몇 가지의 전제조건이 있다. 그중 하나는 우리가 낮은 곳으로 가야 한다는 것이다. 내가 있는 곳을 떠나, 나의 두 손에 움켜진 것들을 툴툴 털어버리고, 무언가를 희생하여 그곳으로 가야 하는 것이 첫 번째로 필요한 전제 조건이다. 그래서 많은 사람이 이 말씀을 따르기를 힘들어한다. 그러나 그곳에 가보면 알게 되는 것들이 있다. 낮은 곳, 그곳에는 낮은 자들과 함께하는 하나님이 계시다는 것이다. 내가 낮아질수록, 낮은 곳을 향할수록 하나님과 더욱 가까워지는 것이니, 어떨 때는 미혼모들을 만나는 것이 하나님과 피부를 맞대고 걷는 기분이 들 때도 있다.

의도했든 안 했든, 우리는 캄보디아에서 선교지라는 가장 낮은 곳으로 향하였다. 낮은 곳으로 향한 엄마들이 하나님을 알아가는 것은 어쩌면 하나님께서 만드신 하늘의 순리가 아닐까?

부끄럽지 않은 엄마가 되다

우리는 한국으로 돌아왔다. 그리고 한 번의 좋은 선교 경험으로 그치기를 바라지 않았다. 도착한 엄마들은 곧바로 다음 선교를 준비하기 시작하였다. 자립의 반열에 오른 몇몇 엄마들은 자신의 소득에서 일정 부분을 헌금하기 시작했다. 다음 선교팀을 위한 헌금이었다. 한번 다녀오고 나니 아무것도 모른 채 갔을 때보다 준비해야 할 것이 많다고 했다. 나 역시 다음 선교에 박차를 가하기 시작했다. 사람들이 미쳤네 뭐네 말하는 것은 귀에 들어오지도 않았다. 나한테 가장 중요한 것은 아기 엄마들의 자립이 아니라, 아기 엄마들의 신앙이었다. 돈 몇백만 원 벌어 자립하는 것보다, 하나님을 아는 것이 더욱 중요했다.

우리는 이후 NGO LINKER라는 해외 봉사단을 만들어 본

격적으로 해외로 나가기 시작했다. 캄보디아를 비롯하여
태국 방콕과 치앙라이로, 아프리카 우간다로 가서 도왔고,
2020년에는 어느새 제8기의 해외봉사단이 꾸려졌다. 처음
에는 미혼모들로 구성된 봉사단이라고 이름을 정하려 하였
으나 이내 그만두었다. 미혼모들이 해외를 돕고 선교를 한
다고 밝히면 분명 화제가 될 것이 분명하지만, 우리는 특별
해지기보다 평범해지고 싶은 마음이 더 컸다. 다른 지역의
봉사팀에는 일반 교회의 청년들도 합세하였고, 캄보디아에
는 교회와 아이들을 위한 학교를 건축하기까지 하였다.

특히 은경이는 캄보디아를 다녀온 이후 선교하기를 즐겨
하였다. 우리의 선교가 열매를 보이기 시작하니 더더욱 멈
출 수 없었다. 은경이의 아들 한결이는 유치원에 가서 이런
발표를 했다고 한다.

"우리 엄마는요, 어려운 사람들을 위해 교회를 짓고 학교
를 만들어요."

그 이야기를 자랑스럽게 나에게 하는 은경이의 표정은 자
존감으로 가득 차 있었다. '오랜 과제인 부끄럽지 않은 엄마
되기'가 실현된 것이다. 그 이야기를 듣는 나도 행복감에 젖
어들었다. 만약 계속해서 자신의 선행을 자식에게 말해주는
엄마와, 그런 엄마의 선행을 보면서 자란 아이는 분명 지금
한국에서 미혼모 문제를 말하고 다루는 방식과 또 다른 대안

과 답이 될 수도 있겠다는 생각이 든다.

누군가는 여전히 미혼모들을 향해 손가락질과 편견 어린 시선을 보내지만, 아는 사람들은 안다. 지금 겉으로 보이는 것이 전부가 아니라는 것을. 그 안 깊숙한 곳에서 이제 곧 순금이 나올 거라는 사실을.

"나의 가는 길을 오직 그가 아시나니 그가 나를 단련하신 후에는 내가 정금같이 나오리라. 내가 정금같이, 내가 정금같이 나아오리라."

7

그분의 딸에게 사랑한다고 전해주세요

아무렇지 않게 길을 걷다가도, 밥을 먹다가도, 아내와 이야기를 하다가도 울컥 하고 가슴 깊숙한 곳에서 울음이 차올라 눈시울이 뿌옇게 젖을 때가 있다. 가만히 앉아 꼼꼼히 내 구석구석을 살펴보면, 명치 언저리가 체한 듯, 화살이 박힌 것처럼 어린 엄마의 상처 하나와 어린 엄마의 사연 하나가 울컥울컥 눈물을 토해낸다. 분명 괜찮은 듯 지나갔는데, 아무렇지 않았는데, 뒤늦게 꼭 소화가 되지 않아 애를 먹는다. 복통에 시달리듯 무릎을 꿇고 한참 조아린 후에야 진정이 되곤 하는데, 그럴 때는 이상하게 그 고난이 내 고난이 되고, 저 고통이 내 고통이 된다. 그럴 때가 있다.

다시 일하러 가는 이유가

간혹 나를 이렇게 부르는 아기 엄마들이 있다.

"선교사님…."

우리 단체는 법인이 되면서 종교성을 숨기려 노력하는 중이다. 때로는 내가 선교사라는 이유로, 위드맘이 기독교 단체라는 이유로 많은 아이들이 우리를 찾을 때 종교가 벽이 되어 그들을 가로막을 때가 있었다. 그래서 '선교사'라는 호칭보다 '대표'라는 호칭을 더 많이 사용하는데, 그날 걸려온 전화는 의외로 나를 선교사로 부르고 있었다. 아마도 오래전에 나를 알게 된 아기 엄마인 것 같았다. 오래전에 나를 알았다면 가끔 안부나 물으며 무소식이 희소식이라는 생각으로 지냈을 법한 아기 엄마인데, 늦은 저녁 걸려온 전화부터가 왠지 불편하였다. 분명 잘 지내고 있었는데, '무슨 일이 생긴 것일까?' '아기가 아픈 걸까?' '돈이 급한 걸까?' 온갖 생각이 빠르게 스쳐 지나갔지만, 풀이 죽은 듯한 목소리에 얼른 대답하였다.

"오랜만이다. 잘 지내지? 무슨 일이야?"

"선교사님, 할 말이 있어서 전화 드렸어요. 잘 지내시죠…?"

그 아이가 잘 지낼 것이라 생각했건만, 나 혼자만의 생각이었던 걸까 어린 엄마의 목소리는 많이 어두워 보였다. 분명 내가 기억하기로는 검정고시도 합격하였고, 검정고시 합격과 동시에 직장을 구할 수도 있었다며 많이 기뻐하던 모습이 아직도 어제 일처럼 생생한데, 풀이 죽다 못해 어둡기까지 한 목소리는 불안만 가득 안겨주었다. 무슨 일이 일어난 것 같다. 목소리만으로도 그런 예감이 가득 밀려왔다.

"빚이 조금 있는데요…. 그것만 빨리 갚으려고 술집에 다시 일하러 왔는데…, 다 못 갚을 것 같아서요…."

가슴이 철렁 내려앉았다. 다시 술집이라니! 그렇게 자립을 위해 애를 썼건만, 모든 게 다 수포로 돌아간 것만 같았다.

"빚이 얼마이기에 다시 일을 하러 갔어?"

"200만 원이요. 선불로 받았는데, 이걸 빨리 갚으려 하는데 잘 안 갚아져요. 그래서 계속 일을 하고 있어요…."

이건 속칭 '마이킹'이다. 이런 경우를 많이 겪어 보았기에 바로 눈치 챌 수 있었다. 마이킹이란 성매매 업소나 술집에서 일하는 걸 담보로 여성에게 빌려주는 선불금을 말한다. 보통 가게에서 300만 원을 내주면 하루에 30만 원씩 벌어 열흘간 갚기로 약속하고 빚을 변제해준다. 그런데 이 기준이 가게와 사장에 따라 들쑥날쑥이다. 예를 들어 300만 원을 받았는데 40만 원씩 10일을 일해야 한다는 업소도 있고, 이자 명목으로 마이킹 금액을 계속 늘리는 곳도 있다. 차라리 카드론이나 대출 이자가 훨씬 낮을 지경인 경우가 많다. 이마 저도 업소에서 일할 여성이 부족하면, 여성에게 일을 계속 시키기 위해 먹고 자는 비용부터 화장품과 옷을 사는 비용까지 모두 빚으로 달아놓기도 한다. 그런 업주와 가게를 피해 다른 곳으로 가면, 업주들끼리 몸값을 흥정해 마이킹 원금이 종전보다 두 배가 늘어나 버리는 일도 발생했고, 심지어 빚을 다 갚았어도 차용증을 찢어버려 부당하게 돈을 더 요구하는 경우도 있었다. 결국 빚은 족쇄가 되어 지속적으로 업소에 출근하게끔 만들어버린다. 다행히 이것이 요즘에는 강화된 단속과 처벌 덕분에 많이 사라졌고, 불법 '3종 업소'(예를 들면 노래방인데 '여성'이 있는 업소)나 '마담'과 '영업부장' 같은 사람이 있는 업소에서나 암암리에 일어나는 일이 되었다. 그러니 빚이 있다는 이야기로 대충 이 아이가 어떤 곳에서 일을 하고 있는지, 어떤 상황인지가 쉽게 그려졌고, 앞으로 일어날 일에 대해서도 그림이 뻔했다.

"그래서 어떻게 하려고 그러니?"

"모르겠어요. 아무것도 모르겠어서, 그냥 생각나는 사람이 선교사님뿐이라 전화해봤어요…."

한참 침묵이 이어지고, 생각나는 사람이 나밖에 없다던 아이는 끝내 도와달라는 소리는 하지도 못하고, 나지막이 울다 전화를 끊었다. 마음이 다시 무거워졌지만 기뻤다. 그런 상황에서 생각나는 사람이 나밖에 없다니! 아이가 처한 환경보다, 그런 환경 가운데서 나를 찾아줬다는 사실이 기쁜 마음으로 자리를 박차고 일어나게 만들었다.

'그래 내가 도와줘야지.'

고민은 하지 않았다. 사실 내가 하는 일이 그런 것 아니겠는가. 몇 번 이런 일을 겪어봐서인지 머릿속에는 어떻게 해야 할지 계획이 세워지고 있었다. 믿는 구석이 있었다. 바로 핸드폰을 들어 우리를 도와주시는 변호사님께 전화를 걸었다. 5년 전부터 어린 엄마들의 인권과 이혼 문제, 기타 법적인 자문을 구할 상황에서 기꺼이 우리를 도와주시는 크리스천 변호사님들이 계셨기에 나는 별 두려움이 없다. 변호사님께 상황을 말씀드리고 술집으로 동행할 것을 부탁드렸다.

나는 몇 번 변호사님과 함께 그런 업소를 방문한 적이 있다. 아무개 때문에 왔다고 말하고, 영업하는 곳의 책임자와 이야기하고 싶다고 말하면 그 가게를 총괄하는 사람이 나온다. 그때 사장님과 변호사님을 서로 소개시켜주면 일이 곧잘 쉽게 풀리곤 했다. 말이 빚이고 업소이지만, 사실은 다 불법 아닌가? 갚아야 할 의무도 없을 뿐더러, 대부분 미성년을 끼고 일하는 경우도 많았기에, 그냥저냥 서로 넘어가자는 말이 오가고 일은 쉽게 마무리된다. 가끔 너무 화가 난 사장님이 나를 향해 욕지거리를 하거나 주먹을 들어 올리는 상황이 생기기도 하였지만, 괜찮았다. 그러면 일이 훨씬 더 쉽게 풀리기 때문이다. 서로 귀찮아지기를 희망하지 않는 우리는 가서 도의적 책임만 다하고 돌아오면 된다. 그래서 이번에도 크게 신경 쓰지 않았다.

그런데 이번에는 변호사님이 일이 바빠 함께 하지는 못하겠다고 미안해 하셨다. 하지만, 상관없다. 가서 내가 잘 말하면 되겠지, 뭐 큰일이야 있겠냐는 마음으로 택시를 타고 그 아이가 일한다는 술집으로 향하였다.

'항상 대기중 아가씨 200명' 중에

밤이면 술집 일대는 별천지가 된다. 하늘에 떠 있어야 할 반짝이는 것들이 죄다 땅으로 내려왔는지, 휘황찬란한 간판들이 밤거리를 비추고 있다. 자극적인 이름의 간판들이 보이는 곳에서 택시에서 내려 어슬렁거리며 가게를 찾는 나에게 호객하는 삐끼들이 다가와 말을 걸었다.

"아가씨 찾으세요?"

눈이 휘둥그레졌지만, 내가 찾는 아가씨와 그들이 말하는 아가씨는 분명 다를 것이고, 찾는다는 의미도 많이 다를 것이다. 고개를 절레절레 가로 저으며 갈 길을 가는 나를 여

기저기에서 계속 불렀다. 마음이 서서히 불편해지기 시작
했다. 웃으며 손님을 부르는 사람들, 술에 얼큰히 취해 비틀
거리는 사람들, 삼삼오오 모여 담배를 피우다 가게로 들어
가는 사람들, 거기에 번쩍거리는 간판들 때문에 불편한 마
음까지 더해지니 지끈거리며 두통이 찾아왔다. 빨리 이곳을
벗어나고만 싶었다.

한참을 돌고 돌아 그 아이가 일하고 있다는 술집을 찾았
다. 간판에는 노란 글씨로 커다랗게 '미인궁'(美人宮)이라고
적혀 있었다. 아름다운 사람들이 있는 궁전이라니! 그 옆에
는 다시 작은 글자로 '아가씨 200명 항상 대기중'이라고 적
혀 있었다. 그 글자를 보는데 속이 뒤집어졌다. 저 200명 중
에 한 명이 내가 찾는 아이다. 저 200명 중의 한 명이 이제 갓
스무 살이 된 아이다. 아니, 한 명이 아니라 훨씬 더 많은 스
무 살의 아이들이 저곳에서 일하고 있는 것은 아닐까 하는
생각에 머릿속에서 무엇인가가 툭 끊어지는 것 같았다.

너무 화가 나 몸이 뜨거워졌다. 심장이 세차게 뛰어 귓속
에 내 심장 박동 소리가 생생하게 들리는 것만 같았다. 가만
히 간판만 째려보다, 나도 모르게 욕지거리가 튀어나왔다.
늦은 시간 반짝거리는 도심, 저곳이 나의 눈에는 악의 소굴,
아니 사탄의 본거지로만 보였다. 길에 침을 한번 뱉고, 더 심
한 욕지거리를 내뱉으며 성큼성큼 가게를 향해 걸어갔다.

'내가 오늘은 사장이랑 대화하고 말고가 중요한 것이 아니라, 확 이 가게를 문 닫게 해버려야겠다!'

마음 같아서는 저 굳게 닫힌 문을 발로 뻥 차버리고 '야, 사장 나와!' 하고 크게 소리 지르고 싶었다. 그런데, 갑자기 그 가게 앞에 멈춰 선 스타렉스 승합차에서 사람들이 내리고 있었다. 처음 보는 광경이었다. 승합차에서 승합차만한 사람들이 내리더니, 가게 앞에 모여 제각각 룰룰거리며 담배를 피우기 시작했다. 깡패들이었다. 영화 속에서나 보던 깡패들 모습과 현실은 많이 다르지만, 그 분위기나 위압감과, 건들거리며 장난을 치는 듯한 모습은 분명 깡패였다. 화가 나 성큼성큼 걸어가던 내 발걸음은 그들을 보자마자 자연스레 멈추고 말았고, 혹 나를 이상하게 볼까 봐 얼른 옆의 전봇대 뒤로 몸을 숨겼다. 갑작스러운 그들의 등장에 나는 잠시 멍해졌다.

'이게 무슨 상황일까?'

기웃거리며 가게를 훔쳐보던 내 눈에 더 놀라운 광경이 곧 보였다. 이번엔 검은색 체어맨이 한 대 들어오더니, 업소 앞에 있던 깡패들이 나란히 줄을 서기 시작했다. 이윽고 체어맨에서 두목인 듯한 중년 남자가 내렸다. 내가 생각했던 깡패 두목 모습은 영화에서 보았던 것처럼 검은 정장에 번쩍거리는 구두를 신고, 머리를 올백으로 넘기고 검은 선글라스를 쓴 것으로 기억하는데, 차에서 내린 남자의 모습은 충격적이었다. 나이가 우리 아버지 연배쯤 되어 보이는 남자가 하얀 트레이닝 차림에 머리는 퍼머를 하고 노란 선글라스를 쓰고 있었다. 놀랍게도 깡패들이 그 아저씨에게 깍듯이 인사를 했고, 이내 그들은 모두 술집 안으로 들어갔다. 행색이 술집에 놀러 온 사람들 같아 보이진 않았고, 분명 그 가게를 관리 혹은 운영하는 듯 보였다. 그 광경을 지켜보고 있자니 너무 무서웠다. 어두운 밤, 술집들이 모인 유흥가, 그리고 깡패들, 이것들 모두가 '조화롭게' 보여 더 무서웠다.

한참을 멍하니 서서 아무것도 못하고 있는데, 불현듯 그 아이와 한 통화 내용이 생각났다.

'생각나는 사람이 선교사님뿐이라서요.'

그 말이 떠오르자 정신이 차려졌다. 나는 저 술집에 가야한다는 것을. 다시 용기를 내어 발을 떼려고 했다. 하지만 이번에는 발이 떼어지지 않았다. 힘이 풀려 주저앉고 싶은 마음만 가득했다. 호기롭게 '사장 나오라 그래!'라고 외치려던 화 난 마음은 진즉에 사라져버린 지 오래다. 상대도 봐가면서 까불어야 하지 않을까? 이곳은 내가 화가 난다고 마음대로 할 수 있는 곳이 아니다.

"이번 한번만 봐주세요!"

깡패, 사람을 직업적으로 때리시는 분들이다. 내가 들어가서 사장님에게 "이야기 좀 합시다"라고 했을 때, 그들이 나와 이야기를 나눌까? 아닐 것 같았다. 주먹이 더 빠르겠지. 마음이 참 간사해졌다.

술집으로 들어간 깡패들의 수를 손가락을 폈다 쥐었다 하며 세어보았다. 승합차에서 내린 몇 명, 가게 앞에 서 있던 몇 명 해서 대충 스무 명은 되어 보였다. 그쯤 되니 멍 했던 머리가 빠르게 돌아갔다. 한 대씩만 맞아도 스무 대는 맞아야 하고, 저들은 깡패이니 칼도 있을 것이고, 이야기를 하고 말고가 중요한 것이 아니라, 내가 잘못되면 어떻게 할 것인지부터 자꾸 머리가 돌아가다, 이내 결론을 내렸다.

'포기하자.'

'돌아가야 한다.'

비겁하게도 이런 생각 저런 생각들이 왔다 갔다 하며 나를 괴롭히더니, 결론은 저 아이 한명 때문에 무엇인가가, 정확히는 내가 잘못되기에는 그동안 쌓아왔던 것이 너무 안타깝다는 생각이 들었다.

얼른 골목 어귀를 빠져나와 길가에 서 있던 택시를 잡아 탔다. 우리 동네를 말하고 '최대한 빠르게' 가줄 것을 부탁했다. 기가 찰 노릇이었다. 하필 그 아이가 일하는 곳이 깡패들이 있는 곳이라니, 이런 적은 또 처음이라 어버버 하며 머리가 멈추는 것도 참 웃겼다.

　돌아가는 길이 생각보다 막혀 가만히 택시 창가에 비치는 밖을 보는데, 다시 생각이 많아졌다.

　'어쩔 수 없다. 내가 다치거나 잘못되면 안 되는 일 아닌가.'

　'그래도 생각나는 사람이 나밖에 없다고 했는데….'

　'아니다. 지금까지 벌려놓은 일들은 어쩌고? 지금 우리 애들은 누가 책임질 것인가?'

　'그래도 잃은 양 한 마리를 예수님께서는 찾으신다고 하셨는데….'

　양심이 자꾸 콕콕 찔렸다. 고개를 세차게 저으며 '차라리 양심이 찔리는 게 낫지 않을까'라는 생각을 날려버리려 노력해보았다. 그래도 괜히 코끝이 찡해지다가, 아무것도 하지 못하고 돌아서는 나의 초라한 모습이 서러워졌다. 내가 사람을 버렸다는 사실을 잊지 못할 것 같았다. 한참 이런저런 생각이 나를 감싸고 싸우더니, 결국 이런 생각이 들었다.

　'어떻게 하면 내가 저기를 가지 않아도 내 마음이 좀 편할 수 있을까?'

　불편한 마음을 부여잡고 택시에 앉아 꿍얼거리다, 불현듯

'멋진' 생각이 떠올랐다.

'그래, 기도하자.'

'기도를 하면 용기가 좀 생기지 않을까? 기도를 하면 문제가 해결되지 않을까?' 아니, 그런 생각은 추호도 없었다. 단지 모든 책임을 하나님께 다 떠넘겨버리면 내 마음이 좀 편해지지 않을까 하는 이기적인 마음으로, 나는 택시에서 조용히 입을 떼었다.

"하나님….."

기도를 한답시고 조용히 하나님을 불렀지만, 입이 좀처럼 떼어지지는 않았다. 그동안 매일 앉아서 기도랍시고 거룩한 말들을 뱉어내던 시간과는 다르게, 아무 말도, 아무 생각도 나지 않았다. 그동안 해왔던 기도의 시간과, 지금 택시에 쪼그려 고개를 쳐 박고 있는 내 모습은 조금 달랐다. 지금 처한 상황과 평소에 사용하던 기도의 단어들과는 엄연히 간극이 있었으므로, 한숨만 한참 나왔다. 그리고, 자꾸 사람을 버렸다는 생각이 도망치듯 택시에 탄 초라한 내 모습과 너무 잘 어울려 한숨만 계속 나왔다. 지금 내가 해야 할 일은 기도가 아닌, 이 부끄러움과 수치심을 견뎌내야 하는 것이다. 한참을 몸부림치다 다시 입을 떼었다.

"하나님, 다 보셨죠? 깡패가 스무 명이 넘습니다. 쟤들 진짜 깡패라고요.. 무서워서 못하겠습니다."

신기하게도 솔직하게 마음을 뱉어놓고 보니, 오히려 화가 났다.

"내가 이때까지 얼마나 많은 일을 했는데요? 자살하려는 애들 내가 말렸잖아요. 내가 살렸잖아요. 집 없는 애들, 노숙하는 아기 엄마들 내가 다 잘 살게 만들어줬잖아요! 내 덕에 태어난 아기가 몇 명인지 아시잖아요? 내 덕에 자립한 엄마들 몇 명인지 아시잖아요? 그리고 내가 복음 전했잖아요! 당신을 믿은 스무 살부터 지금까지 쭉 이 일만 했잖아요. 그런데 그 대가가 깡패 스무 명입니까?"

"하나님, 이번 한번만 봐주세요. 이번 한번만 봐주시면 내가 훨씬 더 많은 애들 만날게요. 훨씬 더 많이 살리고, 훨씬 더 많이 복음 전할게요. 그러니 이번 한번만 봐주세요. 저는 저기는 안 들어가고 싶습니다."

기도라기보다 울분을 토해낸 것이었다. 한참 뱉어놓고 보니 핑계와 원망만 가득한 것 같아서 기분이 더러웠다. 기도한 다음 기분이 나빠진 건 또 처음이었다.

곰곰이 생각해보니 그동안 내가 해온 일이 전부 내가 잘나서, 내가 이룬 것만 같은 기분이었다. 내가 아이들의 집을 구해줬고, 내가 자립을 시켰고, 내가 사람을 살린 것이니, 마치 나는 하나님이 되어버린 사람인 양 살아왔던 것 같았다. 그러고는 방송이나 인터뷰에서 "모든 것을 하나님이 하셨다"

라고 멋들어지게 말하고 다녔으니, 평소 내가 욕하고 가장 싫어하던 모습이 바로 내가 되어 있었다.

"그래, 네 딸 아니야. 그런데…"

찝찝한 마음에 이제는 그냥 택시가 목적지로 빨리 가기만을 바라며 앉아 있는데, 내 마음에 미세한 음성이 들렸다.

"효천아. 너 만약에 네가 결혼해서 널 똑 닮은 딸을 낳았는데, 그 딸이 초등학교를 졸업하고 중고등학교를 졸업하고 대학에 들어갈 즈음에, 만약 네 딸이 저 술집에서 일하고 있다면, 너 깡패 스무 명 있다고 포기할래?"

분명 내 마음에 속삭이고 계신 분은 하나님이셨다. 그런데 이 타이밍에 이런 마음이라니! 찝찝한 마음은 곧 분노가 되어 다시 기도를 쏘아대었다.

"내 딸이면 포기 안 하죠! 그런데 쟤는 내 딸 아니잖아요. 쟤는 부모가 버린 애잖아요. 쟤는 학교에서 내친 애잖아요. 사회에서도 외면하는 애잖아요. 교회에서도 사실 관심 없는 애잖아요! 근데 쟤가 무슨 내 딸입니까? 그래도 두고 보세요. 나중에 내 딸이 저기에 있다, 그러면 나 깡패 스무 명 아니라 수백 명이 있어도 저기 들어가요. 그런데 똑바로 하자고요. 쟤는 내 딸 아닙니다. 그렇게 급하시면 쟤 부모 찾아서 쟤 부모 보내세요! 저는 못 들어갑니다. 아니, 안 들어갑니다!"

'당신은 아무것도 모르니 쓸데없는 소리 말고 가만히 있으라'며 퉤 하고 뱉어버린 마음이었다. 쓸쓸하지만, 사실 아닌가?

그런데, 그런 나의 돌 같은 마음에 다시 하나님께서 따뜻한 음성과 함께 찾아오셨다.

"그래 효천아, 너 말 잘했다. 걔는 네 딸 아니야. 근데, 그 아이는 사랑하는 내 딸이다. 세상 사람 모두가 그 아이 보고 손가락질해도, 내가 아직 그 아이를 내 딸이라 부르고 있다. 세상 사람 모두가 저 아이를 외면해도, 내가 아직 저 아이를 기다리고 있다. 세상 사람 모두가 저 아이를 포기한다 해도, 설령 너마저 포기하였다 해도, 나는 절대 포기 못 해! 아직도 내 딸이라 부르며 기다리고 있다."

"그래, 너 말 잘했다. 쟤는 절대 네 딸 아니야. 저 아이는 사랑하는 나의 딸이다. 그러니 네가 가서 다른 것 말고 이것만 좀 전해주면 안 되겠니? 내가 아직 그 아이를 딸이라 부르고 있다고, 내가 아직 기다리고 있다고, 내가 아직 포기 못 했다고, 그것만 좀, 가서 대신 전해주지 않겠니?"

충격이었다. 기도하면서도 내 일이 나의 것이라며, 그동안 내가 해냈다며 외친 나의 기도와 다르게, 절박함이 가득한 하나님의 음성은 정확히 자신의 소유를 주장하고 계셨고, 그것이 돌 같은 내 마음을 부셔버렸다.

나는 이 절박함과 비슷한 모습을 본 적이 많다. 바로 출산 후에 아기를 끌어안고 자기 아기라고 엉엉 울어대던 아기 엄마들이다. 그 모습과 하나님의 마음이 겹쳐 보였다. 잘 모르고 다 모르겠지만, 아마 그런 모습과 마음으로 자신의 잃어버린 딸을 기다리고 계신 것만 같았다.

나는 돌아가야 한다!

"하나님을 사랑하는가?"

나는 그 질문에 항상 아멘이라고 대답한다. 사실 내가 해온 이 모든 일이 그 사랑이 시작이 아니었다면 무슨 소용이 있었겠으며, 그 사랑이 아니었다면 어떻게 설명할 수 있을까?

찬양할 때마다, 아직도 하나님 사랑한다며 목이 찢어져라 노래할 때가 있다. 평소 기도할 때도 다른 말은 잘할 줄 몰라서, 하나님 사랑한다며 눈물로 고백할 때가 많다. 사실 이 마음만큼은 변하고 싶지 않다. 그래서 내 나이 열아홉 살, 예수님을 믿었던 그 순간부터 더 발버둥치며 살아온 것 같다. 그렇게 기도했던 시간들이 스쳐 지나갔다. 내가 그렇게 사랑한다고 외쳤던, 내가 사랑하는 하나님이 사랑하시는 그분의 딸, 그 딸이 술집에서 일하고 있고, 그 딸이 나를 기다리고 있다. 정신을 차렸다. 나는 돌아가야 한다!

얼른 택시를 돌려 그 술집으로 향했다. 가게 문 앞에 다시 마주섰지만 눈물범벅이 된 나는 눈에 보이는 게 없었다. 가게로 들어가자 몇몇이 나를 붙잡았다. 사장님과 할 얘기가 있으니 불러달라고 얘기했고, 신기하게도 그들은 순순히 사장님을 불러주었다. 당당하게 얘기를 하고, 아이가 술집에서 더 일 안 했으면 좋겠다고 얘기하니, 그 사장님은 호탕하게 웃으며 마무리할 것들 마무리하고 데리고 가라고 말했다. 그 마무리라는 것이 의외로 간단했다. 옷가지나 개인물품을 챙기고, 그동안 처리 못한 돈 문제나 해결하라는 것이고, 그 또한 다행히 내가 도와주어야 할 것이 얼마 되지 않았으므로, 막히는 것 없이 술술 일이 풀려나갔다.

사실 내 입장에서는 이제 지난 일을 회상하며 이렇게 담담하게 글을 적지만, 그 사장님 입장에서는 얼마나 괴기한 상황이었을까? 눈물과 콧물범벅이 된 어린 청년 하나가 들어와서는 "사장 나오라" 그러지를 않나, 나왔더니 웅얼거리다 아무 말도 못 하고 울다가, 또 일을 그만두게 해달라고 사정

했으니, 분명 미친놈으로 보았을 것이다.

어찌되었든 그 아이는 일을 그만두게 되었고, 나한테 고맙다고 인사를 꾸벅 하고는, 지금은 또 아주 잘 지내고 있다.

미혼모를 왜 돕는가?

문제가 또 생겼다. 나는 지금도 똑같이 그런 일을 하고 있는 것이다. 여전히 극단적인 사례의 아이들이 나를 찾아오고 있고, 삶과 죽음의 기로에 선 사람들이 도움을 요청한다. 사무실과 내 전화는 상담으로, 나를 찾는 이들로 인해 바쁜 건 변함이 없다. 그런데 변화는 나에게 있었다.

예전에는 상담하러, 또는 도와달라며 찾아온 사람들을 번호로 구분하곤 했다. 내가 도와줘야 하는 아이는 1번, 나의 내담자는 2번, 자립해야 하는 아이는 3번으로 보였는데, 이제는 그들이 모두 0번, 다 하나님의 딸로 보인다. 마치 내 눈을 가리고 있던 무거운 한 꺼풀이 벗겨진 것처럼, 그들에 대한 시선이 변한 것이 새롭다.

사람들은 나에게 물어본다.

"남자가 왜 미혼모를 돕는가?"

혹은 여전히 편견 어린 시선으로 "미혼모를 왜 돕는가? 돕는다고 무엇이 달라지기는 하는가?"라고 묻는다.

　그 사람들에게 답해주고 싶다.

　그대들의 눈에는 윤리적 문제가 있고, 어린 나이에 임신을 한 불쌍한 여성으로밖에 보이지 않겠지만, 나의 눈에는 "내가 사랑한다"고 고백하고 사랑한다 하시는, 하나님의 사랑하는 딸이라고, 그리고 아직도 여전히 하나님께서는 그 잃어버린 사람들을 기다리고 계시다고!

　그 하나님의 절박함이 이 글을 읽는 모두의 마음에 '사명'이라는 글자로 품어지길 소망한다.